시련과 성숙 - 자기변용의 철학

SHIREN TO SEIJUKU JIKO HENYOU NO TETSUGAKU

by Narifumi Nakaoka

Copyright © 2012 Narifumi NAKAOKA

All rights reserved.

Original Japanese edition published by Osaka University Press

Korean translation copyright © 2015 by Kyun-in publishing Co.

This Korean edition published by arrangement with

Osaka University Press, through HonnoKizuna, Inc.,

Tokyo, and BC Agency

시련과 성숙-자기변용의 철학

(원제 : 試練と成熟一自己変容の哲学)

나카오카 나리후미(中岡成文) 지음 | 이기원 옮김

경인문화사

　이 책의 테마를 한마디로 표현할 수 있다면 얼마나 편할까? 그렇게 하는 것이 독자에게도 친절할 것이다. 감각이라는 차원에서 말한다면, 자연속에서 마음이 평온해지는 자신, 맛있는 와인과 만났을 때 혀도 자신도 바뀐다거나. 반대로 스케일을 크게 하여 국가나 사회제도와 나 자신과의 대면하는 방식이라든지. 아니 그 자체로 확실하게 자기동일성(셀프 아이덴티티)과 그 변화에 대하여 라든지. 그렇게 하면 이 책의 주제는 분명하게 드러나는 것일까?

　이 책은 또한 '자기 찾기'에 기여하는 것이라 해석될지도 모른다. 결과적으로 그러한 역할을 맡아도 이상하지는 않다. 그렇지만 약간 다르다고 생각되는 것은 오히려 자신에게 집착하지 말라, 자신을 중심에서 벗어나게 하라, '(지금의 자신보다도) 세계라는 측면에서 친구가 되라'가 이 책의 주요한 메세지가 되기 때문이다. 더 본질로 들어가서 '자기'란 '자신'(인간)을 말하는 것이냐고 물으면 거기서 약간은 곤란해질 것이다. 인간은 물론 사물(자연)에도 조직(시스템)에도 '자기'는 있다. 그것을 깨닫고 거기에서 다시 전진하기를 바라는 것이다. 자연물이나 인공물, 조직과의 결속에서 인간의 새로운 측면, 새로운 인간의 삶이 보인다. 자기변용론은 내적 현상론에도, 사물—사람론에도, 사회환경론에도, 시스템론에도 있기 마련이다.

한편 정신분석이나 심리학 방면에서의 비판도 예상된다. 어차피 '자기'라는 것은 눈속임이라거나 정면에서 다루려 해도 제대로 다루지 못한다거나, 결국 두꺼운 책을 쓰는 자신이 이해되지 않는다거나. 나로서는 당혹스럽기만 하다. … 정말이지 제대로 다루지 못한다고 나도 생각하기 때문이다. 그럼에도 책을 쓰는 것은 왜인가?

그런데 대부분의 책의 '머리말'에 의미가 있다면 가능한 한 매일(매회) 새로운 '머리말'을 그 당시의 '자기'인 '당신'에게 그 기분을 전달하고 싶어질 것이다. 그때마다 그때마다의 처음에.

이 집필 자체가 자기변용을 실천하고 있는 것이다. 계속해서 글을 쓰는 나는 변한다. 변하는 내가 내용에 반영된다. 단지 억지로 이 작업의 의미를 이론적으로 정립하려 한다면 세상의 눈이 글을 쓰고 있는 자신에게로 향하게 될 것이며 닫혀버릴 지도 모르기 때문에 오히려 '당신'을 불러 '당신'을 향해 열어가는 그러한 이미지로 집필하고 싶은 것이다. '당신'(독자)에게 보내는 인사. 마쓰오 바쇼(松尾 芭蕉, 1644~1694)가 동료들에게 하이쿠로 인사한 것처럼.

그리고 그것은 책이라는 형태만으로는 어렵겠지만 독자와의 상호 작용으로 연결되어간다. 이 책을 손에 들고 독서하는 것이 독자에게도 자기변용의 실천이 될 것이라 기대하는 것이다. 본서의 구상과 착상의 대부분이 태어난 오사카(大阪)대학 강의에서, 또 수강생과의 사이에서 그러한 상호작용이 생겨났다. 자기의 문제라 생각하며 들었던 수강생이 적지는 않았을 것이며, 다른 강의 때 이상으로 나도 '자기변용의 철학'의 강의에서는 강의 소재면에서도, 참고한 사상가들로부터도, 지금의 사회에서도, 자연에서도, 자기 자신에서도, 또 수강생들로부터도, 지속적으로 배웠다.

자기변용의 철학은 내가 관계하고 있는 '임상철학' 운동과 밀접히 관계되어 있다. 임상철학에 들어가 여러 필드를 경험하고 많은 사람들과 만나 자극을 받는 일이 없었다면 이러한 자기변용에 대해 논하는 날은 어쩌면 오지 않았을 것이다. 아무리 내가 헤겔철학의 연구를 시작으로 '자기'(헤겔은 정신이라 부른다)와 고투했다고 해도.

임상철학은 일정한 '진리'를 고고하게 표현하는 듯한, 서재에서 남몰래 구성된 철학은 아니다. 나는 '네트워크의 철학'의 하나라고 생각한다. 처음부터 타자를 예상하고 타자와의 협동을 상정하며 그리고 자기 자신의 내부에서도 타자를 인정하여 거기에 호응해가려는 사상. '어디에서나 있을 수 있는' 철학. 그것을 자각적으로 실천하는 것이라 생각해도 좋은데 나의 자기변용론은, 나 나름대로 공부한, 그 임상철학의 존재론이나 기호론의 차원을 담당하는 것이라 자리매김할 수 있을 것이다.

내가 '존재하는' 것은 어떠한 일인가를 묻고 싶은 것이며 어떻게 실천할 것인지, 그러한 과정에서 규범이 되는 것은 어떠한 것인가의 문제도 생각하고 싶다. 역사적, 정치적인 커다란 변화를 직접 문제시하는 것이 아니라 자그마한 변용에 눈을 돌리고 싶다. 그것은 임상철학의 자세와 연동된다.

서론은 여기까지 해두자.

졸저 『시련과 성숙-자기변용의 철학』이 한국어로 번역되는 것은 대단히 기쁜 일입니다. 한국의 독자 여러분들에게 인사드리게 되어 아주 기쁩니다.

이 책은 헤겔 철학이나 서양 현대 철학에서 출발하여 일본 근대의 철학(니시다 기타로, 타나베 하지메, 미키 키요시)로 관심을 넓히고, 나아가 와시다 키요카즈(鷲田淸一) 교수님과 함께 [임상철학]이라는 새로운 형태의 철학운동을 전개해 온 나의 철학적 경력과 밀접하게 연결되어 있습니다. 이와 관련하여서는 오사카 대학 퇴직(2014년)을 기회로 젊은 연구자인 혼마 나오키(本間直樹) 교수가 써준 글이 제가 의식하지 못했던 부분을 꿰뚫고 있어서 훌륭하게 정리해 주었습니다. 혼마 교수가 쓴 글에서 보면 "나카오카 교수의 임상철학연구의 근간에는 간호, 의료, 복지의 실천자들과 아주 세세한 대화를 거듭해 오면서 배양된 케어의 사고활동이 있다…『시련과 성숙-자기변용의 철학』에서는 셀프케어의 의미를 심화시켜 철학이론과 경험적 사상을 엮어내면서 극히 다면적인 경계를 갖는 자기와 그 변용을 그려낸다. 이 책은 나카오카 교수가 연구해온 임상철학의 하나의 도달점이면서 끊임없이 변용을 반복하고 있는 생동하는 저

자의 분신이기도 하며 대화와 실천을 중시하는 나카오카 교수만의 글쓰는 행위에 의한 철학실천의 모범이 되는 텍스트이다(『メタフュシカ』第45号, 오사카 대학 대학원 문학연구과 철학강좌).

이 책은 혼마 교수의 지적대로 나의 사상과 생의 변용을 비춰는 것인데 나라는 '자기'는 개인 한 사람에 국한된 것은 아닙니다. 또 그 변용은 이 책과 함께 하나로 묶을 수 있는 것도 아닙니다. 저는 현재 일본의 야마구치현 이와구니시(岩国市, 저의 고향)에 살고 있습니다만 이와구니에는 미군 기지가 있습니다. 이 사실이 상징하는 정치적, 사회적 상황은 거기에서 아무리 어떠한 거리를 둔다고 해도 나의 현재의 철학적 활동의 배경이 되고 있습니다. 또한 이 책이 한국어판에서 독자 여러분들의 눈에 비춰는 일은 일본과 한국과의 문화적 교류에 공헌하는 것이 되지만 그것이 양국 관계의 역사적 경위나 현상과 연결되어 있다는 것을 나는 잊지 않습니다. 그러한 가운데 자기변용이라는 철학적, 문화적, 인간적 테마를 독자 여러분들과 공유하면서 엮어갈 수 있다면 행복할 것입니다.

한국어판의 번역과 출판에 관해서는 오사카대학 임상철학과와 교류해 온 강원대학교 이기원 선생님의 수고와 노력이 있었습니다. 아울러 강원대학교의 철학과에서 시도하고 있는 철학치료, 철학상담 분야와 밀접하게 관련되어 있습니다. 이기원 선생님의 후의에 깊이 감사의 말씀을 전합니다.

2015년 1월 이와구니시에서 나카오카 나리후미(中岡成文)

  독일의 아헨바흐가 국제철학실천협회를 창시(1981)한 이래로 철학
은 실천적 활동을 강화시켜왔다. 이러한 움직임은 한국의 철학계에서도
이미 시작되었다. 강원대학교 철학과를 포함하여 국내 몇몇 대학의 철
학과에서 철학치료, 철학상담 관련 전공과목의 개설이나 한국철학상담
치료학회의 설립과 활동은 그러한 한국철학계의 현실을 반영하고 있다
고 할 수 있다. 철학실천은 이론철학이 갖는 문제점을 극복하기 위해 철
학을 '일상'이라는 장으로 가져와 다시 사고하고자 하는 것이다. 그러한
의미에서 철학실천은 '철학지(哲學知)'의 새로운 전환이다.

  본서는 오사카대학 임상철학과 나카오카 나리후미 교수의 임상철학
적 방법론에 해당한다. 나카오카 교수는 임상철학(clinical philosophy)에
대해 '네트워크의 철학'이라 규정한다. 처음부터 타자를 예상하고 타자
와의 협동을 상정하며 자기 자신의 내부에서도 타자를 인정하여 거기에
호응해가는 철학이 바로 나카오카 교수가 생각하는 임상철학이다. 본서
는 임상철학의 방법론을 변용가치론, 변용관계성론, 변용전기론, 주객반
전론, 변용기호론, 변용원조론의 여섯 가지의 측면에서 고찰하고 있다.
'일상'이라는 현장에서 개인과 사회, 공동체의 변용, 변용을 위한 언어의
문제, 원조의 문제 등 다층적인 측면에서 변용을 말하고 있다.

일본에서의 임상철학은 두 흐름이 있는데 하나는 일본의 정신과 의사 기무라 빈(木村敏, 정신병리학 전공)을 중심으로 하는 그룹들이다. 기무라 빈은 정신과 의사의 입장에서 임상철학을 정의하는데 그의 정의에 따르면 "마음이 병들었다는 것은 인간에게 어떠한 것인가, 인간의 삶의 어떤 점이 그렇게 변화하면 정신의학적 병이 출현하는가, 또 치료관계라는 것을 어떻게 생각하는가, 치료라는 것을 통해서 무엇이 어떻게 바뀌는가 등의 문제를 다루는 것을 임상철학이라 부른다."(『임상철학강의』에서). 기무라는 의사의 입장에 서서 정신병리학과 임상철학을 비슷한 개념으로 판단한다.

또 하나의 흐름은 오사카대학 임상철학과의 와시다 키요카즈(鷲田清一) 교수와 그의 후학들이다. 와시다 키요카즈는 서양철학 전공자로 기무라 빈 등의 임상철학과는 토대가 다르다. 철학적인 관점에서 인간과 병의 문제, 사회와의 관계에서 나타나는 병리적 현상 등을 보고 있다. 오사카대학 임상철학과의 임상철학운동은 현재 한국에서 전개되고 있는 철학치료나 철학상담 등 철학실천 영역과 밀접한 관련이 있기 때문에 시사하는 바가 크다. 한국과 일본은 사회적인 문제 등에서 유사성이 상당히 많기 때문에 일본에서 연구되는 임상철학이 한국인과 한국사회에 맞는 철학치료 및 철학상담 방법론을 만들어가는데 중요한 시사점을 줄 것이다.

와시다 교수에 의하면 현대 사회가 안고 있는 여러 가지 문제를 '치료'라는 관점에서 보는 것으로 특히 '의사'의 입장이 아니라 '환자'의 입장에서 문제를 직시하는 것이 임상철학의 출발이다. 임상철학은 무엇이 문제인가를 함께 생각하는 것이며 상대방과 대화를 중시하는 것으로 구체적인 '장소', 즉 '현장'이 중요해진다. '현장'은 철학이 생겨나는 곳이다. 와시다 교수의 저서 『듣기의 힘』(2014년 3월에 『듣기의 철학』으로 번역

되었다)과 『기다린다는 것』은 제목에서 말해주듯이 임상철학에서 '듣기'
와 '기다리기'의 중요성을 말해준다. 와시다 교수의 저서는 오사카대학
임상철학적 방법론의 토대이다. 나카오카 교수는 와시다 교수의 임상철
학의 이론적 토대를 더욱 심화시켰다는 평가를 받고 있다.

임상철학과는 철학 강좌 윤리학 연구실을 모태로 하여 설치된 전문분
야로 서양 및 근대 일본의 윤리사상, 도덕이론이나 현대의 사회철학, 문
화이론을 정밀하게 해독하고 비평하면서 그러한 텍스트에 표현된 물음
이나 개념을 사회의 구체적인 맥락으로 다시 해독하면서 사회의 다양한
장소에서 잠재적으로 문제가 되고 있는 사태(현상)를 현재 사회 안에서
살고 있는 사람들과의 토론을 통해 찾아내어 이론화하고 실천하는 것에
중점을 두고 있다.

연구자가 고립적으로 자신의 지적, 호기심을 충족하기 위한 것에서
그치는 것이 아니라 케어, 의료, 개호(介護), 교육, 과학기술, 섹슈얼리티
등에 대한 실제로 사회에서 이러한 문제들과 관련된 사람들과의 토론을
통해 무엇이 문제가 되고 있는가를 고찰하여 연구에 반영된다.

2010년 강원대학교에서 열린 국제 철학치료 학회에서 나카오카 교수
를 처음 만났다. 일본에서도 철학실천에 대한 연구와 교육이 활발하게
실시되고 있다는 사실이 고무적이었다. 2011년 2월에 오사카대학 임상
철학과 주최로 열린 심포지엄에 참가하면서 오사카대학에서 추구하는
임상철학이 어떠한 것인지 알 수 있었다. 본서를 번역 출판하게 된 것은
일본의 철학계가 임상철학으로 발전해가게 되는 원동력과 그 사회적 배
경, 임상철학이 추구하는 목적과 그것이 일본 사회를 어떻게 변화시키
고 있는지를 생각해볼 수 있는 계기가 되었으면 하는 희망에서였다.

이 책은 서양철학 전공자가 쓴 것이기 때문에 동양철학의 세계에서
살던 역자에게는 어려운 부분도 있었다. 본서의 오역이 있다면 그것은

전적으로 역자의 역량 부족에서 기인한다. 철학이 개인과 사회를 구휼하는 호스피탈리티(Hospitality)로서의 의무를 감당하기 위해서는 인간학에 대한 새로운 정립과 방법론이 요구된다. 이 책을 통해 철학실천, 철학치료의 방법론에 대한 시사점을 얻을 수 있다면 그것으로 충분할 것이다.

출판사정의 어려운 점을 생각하면 본서의 출판을 흔쾌히 허락해준 경인문화사와 편집부에게 감사할 뿐이다.

벌써부터 자신의 세계를 만들어 가기 시작한 서온과 세상에 태어나 첫 생일을 맞이하는 반석, 그리고 같은 비전을 갖고 살아가는 동반자이자 동역자인 맹현주에게 감사를 드리며...

진리가 우리를 자유케 하리라.

2015년 2월14일 이기원 삼가 씀

제2장 무엇이 변하는가-변용관계성론

15

제5장 '언어'없이 변용은 없다—변용기호론

• 서론

여기에서는 '머리말'을 조금 확대하여 '자기변용' 철학의 의미와 목표를 설명해두자. 본론에 발을 들여놓기 전에 자기변용의 전체적인 이미지를 파악하길 바란다. 왜 자기변용이 없는가를 곰곰이 생각해 보는 것도 중요할 것이다.

자기론이 아니다.

여기서 말하는 '자기'는 자신과 동일한 것은 아니다. '자신'의 일만을 생각해서 어쩌란 말인가? 갑자기 도전적인 말을 꺼내서 미안하지만 이러한 측면에서 접근하는 방식, 방향성은 양보할 수 없다. 우리들은 날마다 '자기'의 문제에 직면해 있다고 말하지만 그것은 '자신'의 일과 같은 것은 아니다. 퇴행적으로 자신에게 눈을 빼앗겨 자신에게 갇히는 일은 있어서는 안된다. 자신은 세계속에서 세계와 싸우면서 세계에 도움을 받으면서 존재한다. 그 실현속에 자신은 존재한다. 이러한 점에서 오히려 세계와 자신을 논한다고 하는 편이 그럼에도 밸런스를 갖는다. 그러나 그것은 세계에 자신을 더한 것이 아니다. 세계와 자신이라는 별개의 사물이 대치하고 있는 것은 아니다. 물론 지금의 나에게 세계와의 경계선이 참기 어렵게 보여 거기에서 나오고 싶은 욕구는 발생할 수 있다. 그러한 것이라면 그 경계선 혹은 경계면, 세계와 자신의 '사이' 그 자체가 변하는 것을 보고 싶은 것이며 그것을 일으키고 싶은 것이다—그러한 자기변용의 철학은 원한다. 자신이 일관되게 변했을 때 세계도 변해 있을 것이다.

'파랑새'도 아니다.

자기변용의 철학은 '자기론'이 아니라고 했다. 눈이 집요하게 자신만을 바라보는 것, 밖으로 향하지 않는 것은 건강하지 않다. 이에 반해 불완전한 삶의 방식을 강요하지 말라, 자신과 깊이있게 대면하는 것이 무엇이 나쁜가하고 반발할지도 모른다. 확실히 이러한 표현만으로는 너무 좁으며 너무 일면적일 것이다. 60여년 살아오면서 수많은 사람들과 사물에 접하고 이것저것 생각해온 끝에 나의 신념, 나의 직관이 그것이라고 말한다면 이상한 경험주의가 될지도 모른다. 이 신념, 직관을 젊을 때부터 소유해온 것은 아닌가하는 생각도 든다. 그러나 '자신'에 대한 과도한 집중을 버리는 것은 단순하게 삶의 건강함을 말하고 싶은 것만은 아니며 훨씬 철학적, 사상적인 배경이 있지만 그것에 대해서는 이 책의 전체를 통해 조금씩 전개해갈 것이기 때문에 그것을 기다렸으면 한다.

'내면'으로 가두는 한편으로 지금의 자기 자신, 지금의 자신이 있는 장에 만족하지 못하고 끊임없이 거주 장소를 바꾸면서 새로운 접촉을 찾고 싶은 적도 있다. 행복을 가져오는 파랑새는 어딘가 '외부'에 있다는 일념, 미치도록 '외부'에 대한 갈망에 힘들어하는 것도 있다. 파랑새

증후군이라는 말이 어울릴 것이다. '증후군'이라 불리는 한 이 지향도 건전함을 잃어버리지만 그 이유의 철학적, 사상적 해명에 대해서는 이것도 이 책의 전체에서 한발 한발씩 나아가는 수 밖에는 없다. 일단은 '파랑새'가 안락하게 보다 절대적인 종점을 그리는 한 그 발상은 자기변용의 부정으로 이어진다는 점만을 말해둔다.

기술뿐만이 아니라 제안도 한다.

이렇게 말하고 나면 자기변용의 철학이란 너무 쓸데없이 참견하는 철학이라는 것이 드러난 것일까? 나카오카 나리후미라는 이름의 '자기'가 충분하게 성찰하여 이 '철학'을 표명하고 실천하고 선전도 하려한다는 것을 숨기고 싶지는 않다. 철학은 '보편적'이 아니면 안된다고 했다. 확실히 때와 장소에 따라 빙글빙글 돌듯이 바뀌어서는 철학의 책임을 다할 수 없다. 그렇다고 해서 모든 욕망을 여과시키는 것, 모든 유상무상을 조망하는 것, 영원한 지혜 등이 존재할까?

임상철학에서는 이렇게 말은 하지만 '활동하면서 생각'할 수 밖에 없지 않겠는가? 다양한 현장을 경험하면서 다양한 고뇌와 욕망을 발생시키는 사람들과 교류하며 고뇌와 욕망을 교환하고 미야자와 겐지[宮澤 賢治][01]는 아니지만 '더운 여름은 정신없이 걷는' 것으로 그 과정에서 지(知)를 단련하고 고쳐가는 수 밖에는 없지 않겠는가? 그러한 '의욕'(이 내적 현상은 그 자체 자기변용론의 내용의 일부를 이룬다)이 있는 한 자기변용의 철학은 단순하게 기술을 행하는 것만이 아니라 무엇인가를 지향하

---

01 미야자와 겐지(1896~1933):동화 작가이며 시인으로 그의 작품 『은하철도의 밤(銀河鐵道の夜)』은 후에 마쓰모토 레이지(松本 零士)의 만화인 〈은하철도999〉에 영향을 미쳤다.

고 만들어내려고 하는 지시적, 규범적인 측면을 갖는다. 무엇인가를 제
안하는 것이다.

철학이다

'철학이란 무엇인가'를 정의하는 것은 그만둘 것이다. 적어도 그러한
정의에서 시작하려고 조바심을 내는 일은 건설적이지 않다.

자기변용의 '자기'가 '자신'이 아니라면 도대체 무엇의 '변용'을 묻고
있는 것일까? 앞에서는 일단 '세계와 자신'이라고 했다. '의미'의 변용을
다루는 것이라 해도 좋다. 인간은 유기체이기도 하며 기호적 존재이기
도 하며 사회조직을 구성하는 존재이기도 하지만 유기물의 '변용', 기호
적 전환, 사회조직의 '변용' 그 자체는 각각 전문 분야의 연구자가 연구하
는 대상이다. 그러한 연구에 경의를 표하며 배우면서 그러한 방법론을 초
월하여 월경할 수 있는 무엇인가를 제시할 수 있다면 하고 생각한다.

사물(물건)·사람·사회·기호를 종단하는 '보는' 행위, 간파하는 것의
대담함과 그것을 각각의 장면과 제작한 도구에 밀착하여 실행하는 세
심함을 나 개인으로서는 헤겔이라는 철학자에게 특히 그의 주저인《정
신현상학》에서 많이 배웠다. '주인과 노예'의 장면에서 노예가 노동하
고 물건을 생산하는 가운데 성장하면서 주인을 능가하는 형세. 또 크리
스트교 신자의 '불행한 의식'이 자기 방기와 사제를 중간에 개입해야만
신에게 다가갈 수 있는(그러나 일체화는 운명적으로 방해받는다) 스릴의 전
개.《정신현상학》의 압도적인 풍부함과 다양성을 지배하는 것은 한편에
서는 정신이 '절대지'까지 발전한다는, 지금이 되어서는 의심스러운 로
고스 중심주의적 구조화이지만 다른 한편에서는 그 구조 조차 스스로가
무너뜨려가는 생생하며 강인한 현실감각이기도 하다. 인간이기 때문에

스스로의 약함과 흔들림을 일정한 틀에 집어넣어 정서하기 위해 일단은 스스로를 일부러 '사물'로 전화(轉化)할 필요가 있다. 물상화와 자기 소외에 대한 마르크스의 논의는 그 연장선상에서 나온다.

헤겔철학은 절대적인 정신이라는 너무 형이상학적인 주인공을 내세우면서 적어도 의미의 변용을 일관되게 기술하기 위한 지반을 확보해준다. 좀 더 덧붙인다면 다음의 내용도 중요하다. 변용은 스스로 의지적으로 발생시키는가(능동), 사람이나 사물(물건), 조직 등 다른 것의 작용을 받아 결과적으로 생겨나는가(수동), 그렇지 않으면 자기와 타자를 혼돈스럽게 끌어넣는 복잡한 피드백의 줄기가 실제의 구동력인가(중동). 능동과 수동은 알지만 '중동'이라는 표현에는 당혹감을 느끼는 사람이 많을 것이다. -변용의 '주객반전성'을 둘러싼 이 아주 중요한 문제들에 대해 제4장 〈누구(무엇)에 의해 변용하는가-주객반전론〉에서 다루고 있는데 거기에서도 헤겔은 귀중한 단서를 제공해준다는 점을 미리 말해둔다.

'사람'과 '사물'

자기는 인간에만 한정되는 것은 아니다. 원래 인간도 태어난 이후에는 이미 생물종으로서의 사람이며 인간다움이 전개된 참된 의미에서의 '사람'은 아직이다. 가족이나 근처, 지역이나 사회와 한데 어우러지면서 사람으로 자라간다. 그것을 철학, 특히 현상학은 '개체'로서의 주관, 주체보다도 관계성으로서의 '간주관성'(間主觀性)이 먼저라는 사상으로 표현하는 것이다. 이러한 생각에는 수긍이 가기는 하지만 한 사람 한 사람의 인간이 그 때마다의 주위와 만나고 의지하고 의지당하며 타협하거나 타협에 실패하거나 하면서 성장하고 변화해 가는 길은 각각 독특하다.

그리고 그 만남안에는 '사물'들(인공물이나 자연물, 경우에 따라서 동물이나 식물)과의 만남도 있다.

우리들에게 사람이 가장 중요한 존재라는 것은 인정하지 않을 수 없지만 다른 한편으로 우리들은 밀접하게 사물과 교섭하고 종종 사물을 통해 타인이나 자신을 보거나 이해하거나 하는 일도 있다. 사상사적으로는 특히 마르크스주의의 '물상화'론에서 사물과 사람이 한데 어우러져가면서 변화해 가는 양상이 주목되었으며 헤겔 철학의 토픽인 '(상호)승인'론에서도 이 교착은 물어도 좋을 것이다. 나는 이러한 의미에서 '사람'과 '사물'의 차원을 본질적으로 준별하는 사상적인 역사나 태도에 의문을 갖고 있다. 근대 철학에만 한정해서 본다면 데카르트의 이원론은 말할 필요도 없지만 칸트나 후설 등 초월론적인 전통에 속한 철학자들이 그러한 태도를 갖고 있었으며 현존하는 사람으로는 하버마스도 그러할 것이다. 두 차원의 준별의 시비는 현대의 논의로 말한다면 예를 들어 동물이나 자연물의 권리의 문제로 이어진다. 하지만 현재로서는 그러한 논의의 확대는 피할 것이다. 아무튼 말해두고 싶은 것은 '사물'에서 떨어진 '사람'에만 한정하여 자기변용을 말하는 것은 불가능하다는 것이다.

공공적 대화와 자기변용

그런데 인간관계에서는 언제나 그러하지만 특히 현대 사회처럼 복잡하여 변화가 심하게 되면 의지소통, 커뮤니케이션이 중요하다는 것은 너무나 뻔한 말이다. 그러나 실제로 인간이 서로 이해한다는 것은 무엇을 의미하며 무엇을 담고 있는 것일까? 오늘날 사회에서는 커뮤니케이션에 관한 표면적인 이해가 공감을 얻고 있다. '정보사회'라는 슬로건도 비슷한 것이다. 정보라는 중립적인 '사물'을 마치 상품처럼 얻거나 교환하거나 할 수 있고 교환으로 소유하는 정보, 지식의 양은 늘어가는데 해당 인간들은 그에 따라 영향을 받지 않는 본질적으로는 변하지 않는다고 생각하는 것은 아닐까? 그러나 그것은 옳은 것일까?

민주주의 사회에서는 시민이 정치에 참가하는 것(예컨대 투표라는 한정된 행동이라도)은 당연시 되어 있다. 사법에의 참가도 역시 지금까지 유럽이나 미국 등에서는 배심원 제도로서 존재했는데 최근에는 일본에서도 재판원이라는 형태로 실현되었다. 그러나 그 이외의 영역에서는 어떠한가? 과학기술 문제는 대지진에 이어 후쿠시마발 원전 사고에서 분명해진 것처럼 시민생활을 크게 좌우할 수 있는데 그러한 공공의 분야에서 시민은 어느 정도 자신의 의견을 말하고 행정에 영향을 미칠 수 있을 것인가?

이러한 공공적 대화에 철학적 대화모델(소크라테스적 다이얼로그나 철학 카페 등)을 도입하는 연구나 실천에 참가하면서 점점 강하게 느끼게 되는 것은 공공적인 문제(예를 들어 대지진이나 원전 사고)에 대한 다수의 시민이 대화하기 위한 방법이나 기술을 생각하는 것의 필요와 동시에 대화에 의한 참가자의 생각, 느끼는 힘이 '변화', '변용하는' 사태를 분명하게 응시하면서 그것을 철학적으로 파고들어가는 것의 중요성이다.

공공적 대화가 잘 풀린다는 것은 많든 적든 간에 참가자가(좋은 방향에서) 바뀐다는 것을 의미할 것이다. 물론 보통은 변화를 인간의 의식 깊은 곳에서는 인정하지 않으며 의견이나 견해, 힘이 미치는 한에서의 기분을 소유하는 방법이 변했다는 수준에서 받아들이는 경우가 많다. 개개의 미세한 변화가 어느 차원에서 어떻게 생겨나며 그것이 전체로서의 사회적 합의의 형태로 어느 정도 영향을 미치고 영향을 받는지 다양한 각도에서 분석해 보는 것이 유익할 것이다.

커뮤니케이션과 임상

여기서 약간 개인적인 사정으로 옮겨간다. 과거 십년 정도 나의 철학적 활동은 시작하자마자 바로 (나의 명명하는 바의) '대화론적 전회'를 이룬 임상철학과 떨어질 수 없는, 다시 말하면 이 임상철학의 확대와 궤를 같이 하면서 커뮤니케이션(특히 전문가와 일반시민과의 사이에)을 촉진하는 회로구성을 연구, 실천하는 오사카대학 커뮤니케이션 디자인 센타(CSCD)에서의 경험, 참가와 함께 있었다. 그러한 실천속에서 사회나 제도의 매크로적인 변화라는 것은 대화나 커뮤니케이션에 참가하는 개인수준(미크로한 차원)에서의 '자기변용'으로 연결되는 것은 아니겠는가? 적어도 나 자신으로서는 그러한 미크로한 차원에 눈을 고정시키고 싶은 생각을 강하게 가졌다(말 그대로 자기변용을 돕는 활동의 키워드로 삼는 사람과 만난 적도 있다). 그것은 실천이기도 하며 어떤 면에서는 관찰, 연구이기도 하고 또 타자에 대한 원조이기도 하다. 대화의 장을 설정하여 진행자의 역할을 맡은 적도 있고(실천), 현장에서의 고뇌를 안고서 대화에 임하고 해결의 힌트를 얻어 변용하는 사람들을 나는 보았으며 이에 대한 생각을 해왔으며(원조, 관찰, 연구), 또 나 자신도 성질이 전혀 다른 현장을 떠안고 같은 고민을 하거나 변용하기도 하면서(실천, 이라기보다는 살아가는 것 그 자체?), 또 스스로의 변용에 대해 관찰하고 반성도 해왔기 때문이다(관찰이며 자기 자신에 대한 원조).

현장을 철학한다.

이 책에서는 그러한 현장적 경험, 대화와 서양철학을 연구해온 자신의 사상적 경험을 될 수 있는 한 적절하게 연결하여 '자기변용'이라는 사태나 현상을 분명하게 설명할 수 있도록 노력할 것이다. 이때 심리학,

사회학, 사회복지 등 경험적인 분야에 속한 사상(事象)이나 논의로 들어가는 것도 피하지 않을 것이다.

나는 일단 대학에 근무하는 사람이지만 자기변용론이 학문적인 냄새를 풍기는 학문으로 시종일관되어야 한다고 생각하지는 않는다. 학문이나 침상 담론의 수준에서 사람들의 입에 오르내리는 사회 문제(무차별 살인사건이나 등교 거부 등)에 끼어들어가도 상관없으며 우스꽝스러운 대사가 글속에 뒤섞이는 경우도 있을 것이다. 대학의 〈자기변용의 철학〉 강의에서는 개그적인 이야기나 어느 가요 곡(역사에 남을 정도의 명곡이 아닌 것이 포인트)을 수업에서 먼저 합창으로 부르고 들려주어 그것을 바탕으로 한 시간 반 뜨거운 토론을 했던 기억도 있다. 문학 장르에 비유해서 말한다면 이 책은 '순수 학문'처럼 되고 싶은 생각은 전혀 없으며 반대로 대중적인 소설인양 거드름을 피우는 일도 없을 것이다. 아무튼 필자인 나는 대중문화를 포함한 사회적 여러 일들에 이미 깊이 들어가 있기 때문에 자기변용의 철학은 그러한 자신을 끌어내어 도마위에 올려놓는 정도밖에는 하지 못한다. 그것은 수강생 혹은 독자도 마찬가지일 것이다(이 점을 주의해줬으면 한다).

체험을 통해 배우면서 그것을 철학, 사상으로 연결시키는 것은 쉬운 작업은 아니다. 임상철학은 의료·간호·복지의 영역(케어의 분야)과 관련되는 경우가 많은데 그러한 사회의 구체적인 움직임에 연결되는 학자의 태도로서는 크게 세 가지 타입이 있다.

하나는 기존의 철학이나 논리를 현장으로 가져와서 응용하려는 태도. 이것은 잘만 맞으면 현장에서 납득과 개선을 이끌어낼 수 있는 가능성이 있는데 반해 허공을 휘젓는 듯 한 경우도 적지 않을 것이다. 두 번째는 반대로 현장에서 먼저 세세하게 배우고는 당사자들의 통찰력과 변통을 될 수 있는 한 공유하면서 깨달은 점을 이론으로 정리해가는 방식이다. 이러한 겸허함과 비전문가에 의한 상향식(Bottom-Up)의 아주 세밀함은 비록 문제 해결(명확한 변용)에 직접 연결되지 않는다 해도 당사자들에게 사물에 대해 차분히 생각하게 하는 기회와 여유를 주어 보다 지속적인 변용을 지원할 수 있는 가능성이 있다(이것은 제6장의 〈변용원조론〉에 속하는 논점이다). 다른 한편 현장에 밀착하는 사고에서는 아무리 많은 시간이 지난다 해도 현장 사람들이 막연히 느끼는 정체된 것을 극복할 수 있는 돌파구를 마련하지 못한다는 문제점이 남을지 모른다.

이것은 일종의 딜레마인데 '기성의 이론을 가져올지', '가져오지 않을지'에 대한 선택지를 제시했기 때문에 언뜻 보면 막다른 골목에 다다른 듯 한 느낌이 생긴다. 실제로는 이러한 '이것인지 저것인지'가 아니다. 연구자나 이론가가 현장에서 진지하게 지속적으로 함께 한다면 연구자 측도 변용할 것이며(가져온 이론을 고칠 수밖에 없다) 현장도 애당초 굳건한 바위는 아니기 때문에(다양한 사람이 있고 생각이 있다) 변용의 잠재력은 거기에 반드시 있기 마련이다. 그것을 어떠한 형태로 준비하여 이끌어낼 것인가?

대답은 현장에 있다?

철학자로서 오랫동안 지속적으로 의료현장에 관계하면서 임상윤리의 프로그램을 작성한 사람으로부터 '대답은 현장에 있다'라고 단호하게 말하는 것을 들은 적이 있다. 그 사람은 원래 환자 가족의 입장에서 의료에 대해 생각하기 시작한 사람이었다.

당신이라면 이 말을 어떻게 받아들이겠는가? 찬동할 것인가? 앞에서 말한 것처럼 현장은 아마도 외부에서 만들어진 논리를 가져오는 것으로는 제대로 바뀌지 않을 것이기 때문에. 그렇지만 반발할 것인가? '대답'

은 마치 사물처럼 현장에 굴러들어와 있을 리가 없다. 들어와 있다면 현장 사람들 자신이 그것을 발견했을 테니까. 만약에 지금까지 있었다고 해도 그것은 보이지 않았을 것이다. (1)지금까지 상상도 하지 못했던 사물에 대한 생각을 소개한다, (2)지금까지 의심도 하지 못했던 발성의 근저를 무너뜨린다, (3)이전부터 이상하다고 생각해왔던 현장의 관행이 역시 윤리적으로나 사회 전체에서 봐도 잘못되었다는 것을 알 수 있다, 등이 계기가 되어 사람은 사물을 보는 새로운 관점, 생각으로 이행할 수 있다. 이것은 확실히 자기변용의 형태이다.

이렇게 당사자들이 스스로를 변용하는 것은 그것을 지원하는 사람들의 자기변용(그 현장의 특수한 사정을 확실하게 염두에 두고는), 그 현장의 전체로서의 변용, 나아가서는 그것을 둘러싼 사회의 변용 등과 연동해 있다. 정치가 변한다거나(정치체제의 변용), 대지진이 일어난다거나(자연과 인간의 공존방식의 변용) 하는 것이 커뮤니티나 인간, 또 조직의 변용을 촉진하고 강제하는 경우도 있다.

끝맺음이 없다-월경성

나는 이 책에서 제도-조직-사람-사물-자연 등이 연동해서 일으키는 자기변용에 대해 말하고 있는데 부분적으로는 실천하고 싶다. 이 논리적-실천적인 시도의 소성을 알고자 하여 그것은 어떠한 학문에 속하는가, 어떠한 대상에 어떠한 방법론을 사용하는가 라고 물을지 모른다. 혹은 자기변용의 철학이란 현실을 기술하고 분석하는 연구인가? 그렇지 않으면 현실에 개입하고 그것을 바꾸려고 하는 실천인가 라는 물음도 예상된다. 나의 대답은 아마도 싫증을 느낄 정도로 정리되어 있지는 않을 것이다. 학문분야, 대상, 방법론, 연구나 실천과 같은 구별이나 한정의 의미를 인정하면서도 그러한 것을 상대화하고 유동화하고 극복해가는 필요를 느끼기 때문이다. 분명한 것이 없으며 정체를 모른다. 이러한 경우는 그러한 편이 옳다고 생각하고 있기 때문이다. 반복하지만 사회를 상대로 하는가, 개인을 상대로 하는가, 또 개인이라고 해도 그 심리적 측면을 대상으로 삼는가, 커뮤니케이션적 행위를 대상으로 하는가, 이러한 물음에는 그러한 정당성이 있다. 다만 이러한 구별을 고정시켜 버리는 것에는 정당성이 없다. 오히려 개별학(Discipline)의 틀을 깨고 월경적으로 존재해야 한다.

그러면 그 월경은 무엇을 위한 것인가? 자신이 서 있는 어느 현상, 어느 현장에 확실하게 초점을 맞추어 움직이고 보고 생각하기 위함이다. 연구와 실천, 보편과 특수, 타자와 자신, 수동과 능동, 매크로와 미크로, 그러한 대립하는 것의 교착하는 차원에서 책임을 가지고 임하며 대립하는 것의 사이를 왕래하는 도선사가 되고 싶다. 그러한 연구-실천이 옳다는 것을 어떻게 증명하는가 라고 묻는다면 '없다'고 답하는 편이 간단할 지도 모른다. 그것은 어쩔 수가 없다. 그렇다고 하여 전혀 없는 것은 아니다. 있다고 해도 처음에 용어를 정의하고 정리하고 그리고...라는 방식으로 한 단씩 한 단씩 쌓아 올라가는 것이 불가능한 증명이다. 억지로 말한다면 당신이 길을 적어도 절반까지 따라와 처음으로 알기 시작하는 그러한 수고스러움이 전부일지 모른다.

나는 계속해서 현장, 현장이라고 반복하고 있는데 아무리 현장의 변혁을 말한다 해도 현장 스스로가 변하려고 하는 그 유동성을 잘 포착할 수 있을지가 승패를 가를 것이다. 거기에는 성공하는 어떠한 보증도 없지만 그렇다고 처음부터 안된다고 결정해버리는 것도 거의 없다. 해보지 않으면 모른다. 바람에 끌려 거기에 가보지 않으면 모른다. 타자를 변용시키고 변용을 원조하기 위해서는 내가 변용하는 것도 필요할 것이다. 내가 변용하기 위해서는 그에 앞서 주위의 환경이나 사회가 변용하는 것이 전제가 될지도 모른다. 무언가가 변용하면 다른 것도 함께 변용한다. 자기변용은 어디에서부터 말하기 시작할 수도 있지만 절대적인 시작도 끝도 없다.

완결성이 없다 – 화복은 바뀐다

시작과 끝의 문제와 맞먹는 본질적인 것이 있다. 이 책에서 말하는 자기변용에는 좋은 것도 나쁜 것도 없다(이에 대해서는 제1장의 〈변용가치론〉에서 상세하게 기술한다). 결국 우리들은 변용에 대해 사치스럽게 말할 수 없다. 자기 자신의 변용도 포함하여 다양한 변용의 과정을 지켜보면서 교류하고 이에 대한 감상이나 소망을 갖고 게다가 일익을 담당할 수는 있지만 변화에는 좋은(바람직한, 기쁜, 유리한) 변화도 있다면 나쁜 변화도 있다. 변용이란 '용'(容), 즉 형태가 변하는 것으로 반드시 좋은 방향으로 바뀐다고는 할 수 없다. 병으로, 혹은 나이를 먹으면서 사람의 외양은 변하기 마련이므로 그것도 변용이다.

우리들은 그것을 안됐다고 생각하지만 변용은 일어나기 마련이므로 일어난다. 이러한 부정적인 '나쁜' 변용도 자기변용의 철학에서는 구분하는 것이 아니라 논의의 선상에 올려놓고 고찰한다. 왜냐하면 그것은 인간의 현실이며 세계의 현실이며 사물의 현실이기 때문이다.

따라서 자기변용의 철학에서는 완결성이 없다. 완결성은 가치의 고저나 낙차를 전제로 성립한다. 젊을 때에는 힘이 있고 무엇이든지 할 수 있어서 행복하지만 늙어가면서 몸의 '기능이 떨어져' 치매(인지증)에 걸려 '그 사람다움'을 잃고 재정적인 뒷받침도 없어 완전히 몰락한다. 이것이 현대사회에서 두려워하는 인생의 축소판이다. 행복에서 불행으로.

밝음에서 어두움으로. 이 구할 방법이 없는 추락을 보듬어야한다고 하여 가족의 사랑이나 의료·복지의 충실을 말한다. 그러나 활동하기 어렵게 보이는 인생의 '어두움'은 확실히 하나의 '형태', 하나의 가치판단이기는 하지만 인생이 그 장면을 가까이서 보면서 실제로 살아보면 다른 '형태'가 부상하는 경우가 있다. 사물을 잊어버리는 경우가 많은 만큼 머리와 마음의 회전이 빨라질 가능성은 없는 것일까? 병이나 고령의 곤란함은 자신의 일상의 공부, 주위 사람들의 도움으로 겨우 겨우 견디어 갈 때 그것은 결코 즐거운 일은 아니지만 그 나름대로의 배려와 충실에 축복된 것, 그렇다, 일종의 '행복', '밝음'으로서 자각 될 것이다.

이렇게 세상적, 일반적인 가치관에 따라(스스로도 그러한 것이라 생각한다) 자기변용의 이미지가 있는 한편으로 자신이 그 길을 걷지 않으면 실감할 수 없는 그러한 자기변용도 있으며 명암이나 행불행이 거기에서 반전하는 경우조차도 있다고 한다면 끝맺음은 쉽지 않을 것이다. 자기변용은 개인 또는 집단의 환상이기도 하며 환상의 상연, 환상의 분할, 환상의 재해석이기도 하며 또 소박한 반-환상의 실천, '자연'으로의 도약이기도 하다.

자기변용의 4개조 – 서론의 정리

자기변용의 철학이란 무엇이며 무엇이 아닌가? 무엇을 추구하고 있으며 어떤 것을 추구하지 않는가? 그것을 간단히 정리해 두자.

(1) 자기동일성은 문제다

철학이나 심리학에서는 자기동일성이라는 용어를 사용한다. 어떠한 존재(사람)가 동일한 것(사람)으로 지속적으로 존재하는 것이라는 기본적인 세계관이며 인간관이다. 오늘 나는 어제의 나와 동일하며 집에서 보이는 산은 움직이거나 하지 않는다. 이것은 우리들 생활의 대전제가 되어 있다.

그렇기는 하지만 나도 시간이 흘러가는 동안 변한다. 어제의 나와 내일의 나 사이에 조차 일종의 단절은 있는데 니시다 기타로(西田幾多郞)[02]는 그것을 '비연속의 연속'이라 불렀다. '산이 움직이는 날이 온다'는 말처럼 산이 지각변동으로 크게 모습이 바뀌는 일은 있다. 하물며 문화적 전통이 오랜 세월동안 변하지 않는 것처럼 보이지만 시대마다의 사정이나 우연 때문에 조금씩 변하는 것이 많다. 그처럼 변하지 않는 것(자기동일성)을 기축에 두면서 거기서부터 일정한 어울림이나 혹은 변화를 주장하는 것이 자기변용론이라고 이해하기 쉬울 것이다.

그래서 자기동일성을 당연시하는 우리들의 상식을 다시 생각하며 변용을 기초로 하는 이른바 새로운 지각을 체득하는 것이 본서의 목표에 해당한다. 나아가 자기동일성을 기초로 하는 사상, 철학의 전통을 '자기변용'의 관점에서 재검토, 재구축하는 것도 범주안으로 들어온다. 단 철학자의 버릇인데 예를 들어 '자기란 무엇인가'라는 존재론적인 혹은 '동일성이란 무엇인가', '타자와의 경계란 무엇인가'라는 논리적인 부분에 대한 질문부터 들어가는 일은 하지 않는다. 하물며 변용, 변화, 운동 그 자체를 부정하는 고대 그리스 학설(파르메니데스, 제논)은 아무튼 우회할 것이다. 훨씬 생활자의 직감에 솔직하게 "왜 갑자기 변이는 일어나는가" 혹은 "젊을 때는 왜 타인의 시선이 신경 쓰이는가?", "왜 인간에게

---

02 니시다 기타로(1870~1945):일본의 철학자로 교토대 교수를 엮임 했으며 교토학파의 창시자. 지금은 신교토학파가 학맥을 잇고 있다. 니시다는 서양 철학과 동양의 사유(禪 체험)를 접목한 철학을 완성하였으며 대표작으로 《선의 연구》가 있다.

는 버릇이라는 것이 있을까?"라거나 하는 그러한 소박한 부분부터 살펴볼 것이다.

(2) 타자와의 경계

자기동일성 등과 같은 추상적인 사상은 좀 멀다고 해도 '자신'이라는 것은 죽을만큼 신경 쓰이는 것이 현대인이다. 자신의 존재를, 자신이 하는 일을 다른 인간으로부터 '차이화'하지 않으면 안된다는 요청도 있다. 하지만 왜 그런가?

여기서 루소의 '자존심'과 '자기애'의 구별을 떠올린다(《인간 불평등 기원론》). 루소는 '자연인'이라는 이상을 세운 사상가다. 사회라는 것이 만들어지면 자연인은 거의 있을 곳이 없어진다. 사회안에서 인간(사회인)은 자신을 타인과 비교하여 자신의 가치를 판단하며 자신의 행복을 판단한다. 자연인이라면 즉 자신을 사물의 중심에 두고 생각하며 있는 그대로의 자신을 중요하게 여기는바(이것이 자기애) 사회인은 타인의 눈을 통해서 밖에는 자신이라는 존재를 볼 수 없다. 형에게 맛있는 것을 주면 자신은 부모에게 사랑받지 못한다고 생각해버린다. 동료가 평가받으면 자신은 폄하되었다고 느낀다. 이것이(항상 상처받기 쉽다) 자존심이다. 더욱이 중국 고대의 《노자》에도 '자애부자귀'(自愛不自貴) 즉 "스스로 사랑하고 스스로 귀하게 여기지 않는다"라는 말이 있는데(제72장) 같은 취지의 말일 것이다.

동물은 '자신'이 어떤지 생각하지 않는다. 백곰의 엄마는 "아이 양육은 이정도로 괜찮을까"와 같은 고민을 하지 않으며 다른 엄마와 비교도하지 않는다. 어떤 것도 생각하지 않으며 어린 곰을 소중하게 입에 물고 돌아다니는 것처럼 보이는가 하면 세게 땅바닥에 내동댕이쳐 학대를 시작하기도 한다. 끝내 먹어버린다(정말 그러한지는 확실하지는 않지만 그러한 이야기를 들었다). 그 '사랑'의 쉽게 변하는 것이란. 그러한 것에 쇼크를 받는 우리들은 얼마나 '자연'에서 떨어져 있는 것일까?

인간의 '자기' 경계는 원래 거의 존재하지 않는 것과 같다. 신생아에게 '자기'는 없다. 모친과의 사이에 경계선은 없다. 그 아이의 안과 밖에는 다양한 힘이 들어 있다. 내부에서 터져 나오는 듯 한 울음(배가 고픈지 귀저기가 젖어 기분이 나쁜지는 분명하지 않다), 위협에 흠칫하며 감싸안는 힘에는 자신을 웅크려 맡기며-와 같은 상호 행위를 반복하고 있는 사이에 유아는 조금씩 조금씩 자신을 자신 이외의 사물과 사람을 구별하는 것을 배운다. 밖의 힘에 대처하고 안의 힘을 통제할 수 있게 된다. 그 아이의 아이다움이 점점 깊어지게 되고 그것이 성격 등으로 불리는 것이 된다.

불교에서는 '자타불이'(自田不二)라 한다. 자기와 타자는 다른 존재가 아니다. 감탄할 수 밖에 없는 통찰인데 갑자기 거기까지 말해버리면 추구할 무언가가 남는가 하는 기분도 든다. 자기변용의 철학은 어떻게 자타불이인가, 그것을 구체적인 사상에 접하여 일일이 확인해 가는 프로세스를 중요하게 여길 것이다.

(3) 자기변용의 철학의 현대성

자기변용의 현대적 특징은 예를 들어 생명윤리의 영역에서 나타난다. 말기암, 치매가 진행된 상태 등 의사소통의 능력을 잃고는 자신에 대한 의료 조치의 희망이나 거부를 이제는 표명할 수 없게 되는 경우가 있다. 그러한 사태에 따라 아직 건강한 상태일 때나 증상이 그 정도로 악화되어 있지 않을 때 '사전 지시'를 내리는 형태가 있다. 기본적으로는 서면으로 준비하는데 예를 들어 호흡곤란에 빠졌을 때 인공호흡기를 연결하고 싶은지 그것을 거부할지 등 열거된 상태에 대한 자신의 '지시'를 명기해 둔다. 리빙 윌(living will)이라고도 부른다.

이 사전 지시는 '자신'의 성격 · 의지 · 바램은 기본적으로는 바뀌지 않는다는 전제로 작성된다. 그렇기 때문에 말기의 '자신'의 의사를 건강할 때의 '자신'에게 맡길 수 있다. 그러나 현실의 말기 환자는 종종 사전 지시를 뒤집는다. "인공호흡기에 연결하지 말아 주세요"라고 지시했다가도 금방 호흡곤란이 닥쳐와 죽음의 그림자에 덮이면 '살고 싶다'라는 것이 자신의 의사가 되어 버린다. 가족의 바람에 져버리는 경우도 있다. 그러나 그렇게 '변용'해 버린 자신과 아직 건강하여 "인공호흡기라니"라고 하면서 빼버릴 때의 자신과 도대체 어느 쪽이 '진실된' 자신인가? 도대체 누구에게 그 대답할 권리가 있는가? 깊이있게 생각해봐야 한다.

(4) 자기를 밖에서 보자

자기론은 아니라고 하면서도 금방 이러한 평을 말해버리는 것은 역시 내가 독자, 특히 젊은 독자를 강하게 의식하고 있기 때문일 것이다. 내가 죽는다 해도 내일도 역시 태양은 떠오르며 세계는 존속한다. 이 냉엄한 사실을 반복해서 생각해 보자. 그것이 없다면 또 내가 그것을 몰래 계산에 넣고 살아가는 것이 아니라면 내가 가족을 수령인으로 하는 생명보험에 가입해 있다는 것은 설명이 되지 않는다.

아니 나에게는 지켜야만 하는 가족이 없다, 보험료 낼 돈도 없다고 내뱉는 독자도 있을 것이다. 그러한 '살기 어려움' 때문에 매일 궁지에 몰린다 해도 "나는 죽어도 세계는 남는다"와 같은 정도의 체념은 그 자체로 품속에 돈을 지니고 마음에 여유를 가진 사람의 형이상학적인 사치로 비칠지 모른다. 나는 그러한 종류의 여유와 사치에(지금의 상태에서는) 보호를 받으면서 이 책을 쓰고 있다는 것을 인정한다.

그래도 이 책을 읽는 것에는 의의가 있다고 믿는다–적어도 몇 명의 독자들에게는 말이다. 〈자기변용의 철학〉의 강의에서 이러한 일이 있었다. 야간 어느 날 밤, 의지의 '적당함'이 강의 주제였는데 자기변용으로 이어지는 인간의 '내적 현상'의 하나로 주목했었다. 그런데 이 주제가 어느 수강생의 마음을 상당히 울린 것 같다. 그 사람은 때마침 자신의 직업을 지키기 위해 뜻을 굽히는 행동(이라고 그는 느꼈다)을 해버렸는데 그것이 계속해서 자신의 '적당함'을 추궁한 것이다. 그는 나에게 그 일을 실토하고는 우리들은 둘이서 그것이 정말로 그의 신념에 반한 것인가, 오히려 그것은 자기변용의 혼란과 결단은 아니었는가 하고 이야기를 했다. 나는 그러한 행위가 일종의 카운슬링으로 작용한 것 같은 인상을 가졌다.

　　그러한 우연성의 어울림(싱크로니시티라고 한다)은 흔하지 않다 해도, 독자의 마음에 남은 말이 적다 해도 지발성(遲發性)의 권유를 기대하고 싶다. 대학 강의의 쌍방향성과는 다르지만 내 쪽에서도 독자로부터의 있을 법한 반응에 귀를 귀울이면서 한 걸은 한 걸음 써 내려 가고 싶은 것이다. 괴테는 스피노자의 무사(無私) 정신에 자극받아 "신을 진정으로 사랑하는 자는 신에게 사랑받는 것을 바래서는 안된다"는 말에 감명을 받았으며 그것을 연애와 우정에 접목시켜 "내가 너를 사랑한다고 해서 너에게 무슨 상관이 있는가?"라고 말했다(《시와 진실》 제3부 제14장). '자신'을 계산에 넣지 않고 순수하게 행위하는 것은 아주 중요하다. 독자는 또 카프카의 "너와 세계의 싸움에서는 세계를 자기편으로 삼아라"라고 하여 기묘하지만 마음속 깊은 훈시를 들은 적이 있는가? 자신을 안전권에 두지 않을 것. 자신을 벗어난 곳에서 자신을 비춰볼 것. 우리들은 이러한 자기변용의 과정을 걷고 싶은 자들이다.

제1장

좋은 변용, 나쁜 변용
-변용가치론

제1절 불변, 부동에의 집착

자기변용이라는 현상은 아마도 지금의 일본과 같은 사회가 아니면 긍정적으로 받아들이기 어렵다. 동양과 서양을 막론하고 전통적으로는 오히려 변하지 않는 것, 부동(不動)의 존재가 높게 평가 받아온 것은 아닌가? '변하지 않는 것이야말로 우수하다'고 하는 전통적 관념은 뿌리깊다. 몇 가지 예를 들어보자.

지속은 힘

언어의 측면에서 말한다면 서론의 마지막에서 언급한 '변절'이라는 말이 이미 그것을 보여준다. 인간의 절조라거나 절의, 신념은 지켜져야만 하며 일관되어야 하는 것으로 변하면 안되는 것이다.

여기에 대한 상징적인 어투가 있다. '표범처럼 변한다'(豹變)는 말은 '군자표변'(君子豹變)이라는 《역경》의 문구에서도 분명한 것처럼 원래는 사람의 태도나 행위가 좋은 쪽으로 선명하게 변하는 것을 지칭했는데 지금은 나쁜 쪽으로 확연히 바뀌는 용례가 눈에 띤다. 예를 들어 아내의 성격이 결혼과 출산을 거쳐 '표변'했다는 말처럼. 좋은 변용에서 나쁜 변용으로. 사람의 감성도 시대와 함께 변한다.

이외에도 깊은 맛이 있는 격언이 있다. '무사(無事) 이것이 명마(名馬)'[01] 라는 관용구에 기묘하게 이끌리어 납득되는 것은 왜인가? 경주마의 세계에서 '무사' 즉 고장없이 완강하게 오랜 시간 제1선에서 활약할 수 있는 말이 '명마'이다. 이러한 의미로 사용된다. 반대로 하면 좋은 혈통의 말이라도 고장이 많고 부침이 있는 말은 평가할 수 없다는 의미이다.

이 관용구는 스포츠 선수 등에 한정하여 사용하는 경우가 많다. 일류 선수가 되기 위해서는 천성적인 소질을 매일 엄한 단련으로 끌어올려야 한다. 그렇게 되면 고장의 위험을 떠안게 된다. 그렇다고 하여 안이하게 연습을 적당히 해서는 일류가 되지 못한다. 여기에 있는 딜레마를 현명하게 극복하여 계속적인 역량을 발휘할 수 있는(구체적으로는 시합 등에 출장하여 좋은 성적을 내는 것) 완급과 밸런스의 감각이 필요할 것이다. 이와 관련하여 "지속은 힘이다"라는 말도 생각난다.

이렇게 보면 '무사 이것이 명마'라는 말은 항상성과 지속(즉 변하지 않는 것)을 시사하는 것 같은데 지속이라는 말 자체가 매일 매일 변동되는 심신의 합목적적인(즉 시합에 나오기 위해, 이기기 위해) 높은 수준에서의 제어라는 것을 드러내준다. 이치로 선수가 매일 2백 개 이상의 안타를 계속 쳤다(안타깝지만 기록은 멈추었다). 밖에서 보면 이것은 정해진 일과 (routine)로 일종의 부동이다. 그러나 그 실제는 날마다 변화하는 자신의 심신의 상태와 싸우고 팀의 사정과 싸우면서 시합에 계속 출전하는 것이며, 갖가지 방법을 써서 자신을 이기려고 하는 상대 투수와 싸워 안타를 하나 하나 얻어내지 않으면 안되는 것이다. 즉 이것은 자기 컨트롤로서의 자기변용의 고도한 모범사례이다.

---

01 능력이 조금 모자라도 쉬지 않고 지속적으로 달리는 말이 명마라는 뜻.

등교할 수 있는 기적

어떠한 변용도 없는 나날의 반복도, 그 이면에 '변용'의 미세한 움직임을, 나아가 격변의 맹아를 간직하고 있다. 그것은 톱애슬리트(top athlete)[02]의 예를 끌어들이지 않아도 지적할 수 있다.

아이들이 학교에 가는 것은 당연하다. 이것은 마치 아침에 해가 동에서 떠오르는 것처럼 말이다. 아침을 먹고 학교에 간다. 지금의 일본에서 아이들이 아침을 먹고 학교에 간다는 것이 당연한 일인지 모르겠지만 (나에게는 아침을 굶는 일은 생각하기 어렵다). 아무튼 착한 아이들은 학교에 간다. 이것은 학교에 가는 것이 자연스럽고 당연하다는 가치관을 전제로 하고 있다. 배가 아파서 학교에 갈 수 없게 된 때의, 하물며 숙제를 하지 못했을 때 비겁하게 결석하게 되는 날의 죄악감.

언제부터 사람은 학교에 가지 않는 이른바 부등교(不登校)가 될까? '학교에 갈 수 없게' 될까? 나 자신도 초등학교 때는 물론 중학교, 고등학교는 모든 개근상을 받은(유도로 전치 3주의 부상을 당한 때에도 결석하지 않았다) 사람이라서 '갈 수 없다'는 감각은 솔직히 말하면 잘 모른다. 그렇지만 부모가 되어 가족과 함께 독일에서 유학할 때, 겨울은 아침 여덟시가 되어도 아직 어두운데 정말로 추위를 무릅쓰고 현지의 초등학교로 향하는 우리 아이를 보면서 '대단하다'고 생각했다. '무릅쓰고'란 악조건을 거슬러 강행하는 것이다. 초등학교에 간다고 하는 대단한 일을 하루 하루 달성하는 일이다. 그것도 우리 아이를 기다리고 있었던 것은 아직 거의 알지 못하는 독일어 수업과 이른바 관객에 지나지 않는 한나절(숫자라는 공동언어를 사용하는 산수 시간은 아직은 괜찮다)이었다. 부모도

---

02 애슬리트(athlete)란 운동선수, 즉 스포츠 선수를 의미하는데 스포츠 선수중에서도 올림픽 금메달리스트나 세계선수권 대회 상위 입상자 등을 톱애슬리트라 한다.

아직 익숙하지 않은 환경과 싸우는 매일이었기에 아이에 대해 깊이 있게 생각하지 못한 채 현지 학교에 보냈다. 하지만 그러한 행동이 '미안하게' 생각되는 마음의 여유가 생긴 것은 귀국해서의 일이었다.

부동·항구의 칭찬-고대의 철학으로부터

여기서 잠시 철학 마인드로 돌아가 철학사를 한 꺼풀 벗겨보자. 철학 용어에 익숙하지 않는 독자는 입구에서부터 저항을 느낄지 모르지만 수학이나 물리학의 논문에 갑자기 도전하는 것 보다는 사정이 나으니 잠시 인내하며 읽으면 이해할 수 있을 것이다.

고대 그리스 철학자 아리스토텔레스는 변용하지 않는 것, 부동의 것에 기본적인 가치를 인정한다. 원래 이 시대의 천동설에서는 부동의 지구 주위를 구층의 천구가 동심원 상태로 둘러싸고 있었다. 그 바깥 측에는 최고천(最高天:신의 자리)이 있는데 여기만이 정지해 있다. 정지해 있는 것이 가장 고귀한 것이다. 지구는 우주의 중심으로 부동이기는 하지만 거기에서는 생성소멸이나 부패가 발생한다. 이에 반해 천상의 세계는 신의 영역이며 따라서 상상 불변이기 때문에 새로운 별 같은 것이 탄생하지 못하며 또한 완전무결이기 때문에 태양의 흑점(일종의 먼지) 등은 있을 수 없다는 논리가 생긴다.

움직이는 것은 그러한 것이 '필연적으로 그렇게 존재하는 것'이 아니라 '다른 곳에서 있을 수 있는 것'이기 때문에 움직인다(움직이게 되는 것). 이에 비해 '스스로는 부동이면서 움직이게 하는 어떤 존재가 있으며 현실태로 존재해 있기 때문에 이 어떤 존재는 결코 다른 곳에서는 존재하지 않는다'(아리스토텔레스,《형이상학》). 이 '스스로 부동이면서' 천체 등 다른 것을 '움직이게 하는' 존재는 '필연'적으로 '선하고 아름다운' 것으로 존재하며 원리라 여기는 신이다.

아리스토텔레스는《니코마코스 윤리학》이라는 책에서 인간성에 대해 훨씬 분명하게 변화를 단죄한다. "쾌락은 운동 보다는 정지에 보다 많이 포함되어 있다. 시인의 말을 빌려 '모든 사물의 변화는 즐겁다'고 말할 수 있다면 그것은 우리들의 본성에 있는 일종의 악함 때문이다. 즉 나쁜 인간은 변하기 쉬운 인간인 것처럼 변화를 필요로 하는 본성도 나쁜 본성이다". 이처럼 변화를 필요로 하는 것은 '나쁜' 본성이라고 단언한다.

훨씬 더 노골적으로 변화를 부정하는 그의 선배 철학자도 있다. 이 파르메니데스에게 있어서 사물은 '있는 것' 혹은 '없는 것'의 어느 쪽에 해당한다. '존재하는' 것은 '존재한다'. 그것이 참된 '존재'이다. A의 시점에서는 '없는'데 그 후 B의 시점에서는 '존재하게' 되었다, 즉 A와 B 사이에 '생성'된 변화가 발생했다고 하는 것은 단순하게 감각적으로 그렇게 생각할 뿐으로 이성의 관점에서는 모순이다. 참으로 '존재하는' 것이 변화도 하지 않는다면 운동도 하지 않는다.

파르메니데스와는 반대로 아리스토텔레스는 오히려 운동이나 변화를 근본에서 종합적으로 파악하려한 결과 목적론의 체계를 확립하여 그 후의 서양철학사에 커다란 영향을 미쳤다.

무엇을 변용이라 보는가?

아리스토텔레스의 '변화', '전화(轉化)'라는 생각은 엉성한 부분이 상당히 많다. '사람이 변한다' 라고 할 때 우리들이 제일 먼저 연상하는 성격이나 신념, 태도의 변화를 그는 문제로 삼지 않는다. 그가 인정하는 상태나 변화는 어린아이에서 성인으로의 변화였으며 '사유하고 있는 상태'에 있거나 '직물을 짜고 있는 상태'에 있거나 하는 변화였다. 건강하거나 병든 상태에 있거나 색이 하얀 것(흑인은 화제가 되지 않는다. 여성이 화제가 되지 않는 것처럼), 푹꺼진 코(사자코라는 번역도 있다)를 갖고 있는 것과 관계되거나 한다. 인간의 행위도 직업 등에 관계되는 기본적인 것만을 들고 있다(직물기 등). 근·현대의 행위론이 묻는 개별 상태에서의 의도, 결단이나 구체적인 동기 등은 특히 문제가 되지 않는다.

목적론과 그 문제점-형태는 실현될 수 있을까?

그러면 목적론이란 무엇인가? 유기체의 성장을 떠올려주면 알기 쉬울 것이다. 예를 들어 식물의 종자와 동물의 정자는 아직 다 자란 식물의 모습, 동물의 모습과는 상당히 멀다. 종자나 정자안에는 그 후 꽃이 피는 엣센스가 전부 들어있다. 종자는 식물의, 정자는 동물의 '가능태'이다. 마찬가지로 인간은 소년 때에 아직 인간으로서의 모든 것이 활짝 열리지 않은 잠재적인 상태(가능태)에 머물러 있는데 성인이 되면 잠재적인 상태(현실태)로 전환하며 인간이라는 종이 갖는 본래의 모습(구극현실태)을 실현한다. 식물·동물·인간의 성장(변용)이란 그 본래의 모습을 달성하려고 변화를 거듭하여 목적을 향해 운동한다. 아리스토텔레스는 유기체에 한정하지 않고 앞에서 기술한 천체를 포함하여 세계의 운동 전반을 이 '목적론'으로 설명한다.

여기서 재미있는 것은 모든 운동(변용)은 당초부터 일관되어 최종적인 '목적'을 향하여 나아가며 그 의미에서 목적이야말로 견본처럼 운동을 이끌고 있다고 할 수 있다. 그렇기 때문에 성인은 시간적으로는 소년 '보다 이후'에 나타나는데 인간이라는 모습(말을 바꾸면 인간의 본질, 철학 용어로는 형상)을 보여준다는 점에서는 소년과 비교해서 '보다 먼저'인 것이다.

생명력을 가진 사물, 자연의 사물은 이러한 설명방식으로 어느 정도 설명가능하다. 자연적이 아니라 인간의 기술로 만들어진 사물(예를 들어 침대)은 운동변화의 경향(자연본성)을 전혀 갖고 있지 않다. 침대의 재료가 되는 목재가 스스로 '침대'라는 목적을 추구하는 일은 일어나지 않는다. 목적은 침대를 만드는 직인의 머리속에 있을 뿐이다. 그렇지만 직인의 머릿속에 있다고 해도 목적론은 말할 수 있다.

자기변용론에서 문제가 되는 것은 다음의 부분이다. 고대 그리스처럼 가치관이 명확하여 예를 들어 시민과 노예를 거리낌 없이 차별하는 사회에서는 어떤 형태를 향하는 것이 어떤 것의 본성으로 결정되어 있다고 할 것이다. 아이보다도 어른 쪽이 '인간답다'고 단언할 수 있을 것이다. 그렇지만 인간은 성인이 되기 위해 존재한다고 단언할 수 있을까? 미완성인 인간이 소년 시절에 죽어버렸다고 해도 그 나름대로의 삶의 보람이나 실현된 가치 등에서 '좋은 인생'이었다고 만족할 수 있는 가능성은 없는 것일까? 아마 목적론에 대해서 이러한 의문을 갖는 사람이 많을 것이며 〈자기변용의 철학〉도 인간의 목적이나 가치는 다양하며 다양한 형태가 있다고 생각한다.

그렇기 때문에 자기변용의 방향성은 어느 쪽을 향하면 '좋고' 어느 쪽을 향하면 '나쁘다'고 단정적으로 정할 수 없다. 원래 윤회전생처럼 사람의 생사를 직선적이 아닌 순환적으로 파악하는 사상도 있으며 어디로 가는가 하는 '흐름' 자체를 읽지 않고 일부러 보려고도 하지 않는 삶의 방식도 있다. 후술하겠지만 '우연을 기회로 바꾸는' 삶의 방식, 그 시점 시점에서의 자신의 위치를 최대한 활용하여 승부하는 방식이다. 그렇다고 해서 지금까지의 문화에서, 아니면 현대의 우리들이 직관적으로 역시 '좋다' 혹은 '나쁘다'고 하는 등의 가치를 정하는 것이 많은 것에는 그 나름대로의 이유가 있기 마련이다. 그것을 분석하여 참고하는 것도 중요하다.

제2절 변용의 흔들림

'손해가 되는 변용'을 어떻게 받아들일 것인가?

손해의 가치를 갖는, 다시 말하면 좋지 않고 바람직하지 않다고 일반적으로 간주하는 종류의 변용이 있다. 건강에 관한 일이 제일 알기 쉬울 것이다. 나이를 먹으면서 노쇠해지고 치매와 병에 걸리고 커다란 상해를 입어 장애가 남는다... 그 외에도 입학 시험에 떨어진다거나 직장을 잃는다거나 고달픈 일은 여기저기에서 발생할 수 있는데 우리들은 그러한 짐이 되는 변용(혹은 그러한 조짐)과 어떻게 타협할 것인가?

자신의 그 손해보는 변용을 어떻게 인식하고 어떻게 받아들일 것인지는 그 변용의 낙차가 크면 클수록 그 사람에게 곤란한 도전이 된다.

암의 화학요법 치료 때문에 머리카락이 빠져버린 여성을 알고 있다. 신체적 고통만도 참기 어려웠는데 여성의 자랑이라고도 할 수 있는 머리카락이 감을 때 마다 눈을 의심할 정도로 대량으로 빠지는 그 심리적인 타격은 불을 보듯 뻔하다. 대학생 때 럭비하다 입은 사고로 머리 아래가 마비되는 큰 부상을 당한 남성의 이야기를 들은 적도 있다. 스포츠에 빠져서 장밋빛 같았던 자신의 움직이지 못하게 된 신체를 재활치료하면서도 그 후도 좀처럼 받아들이기 어려웠다, 지금도 아직 그렇다고 휠체어에 앉아 표정이 어두운 얼굴로 말해주었다.

이정도의 큰 좌절이나 파국은 아닐찌라도 나이가 들어감에 따라 심신의 변화(노쇠)는 분명하게 손해보는 변용이다. 몸이 '말하는 대로 듣지 않는다'. 자신에게 익숙한 몸의 리듬으로 지시를 해도 몸이 '따라오지 않는다'. 그냥 길을 걷는데 약간의 충격에도 넘어져 버린다. 지금까지 아무런 의심 없이 해왔던 일이었는데 되지 않는다. 그 '마음과 같지 않다', 그 자기인식의 뒤틀림은 타인에게는 우수개 소리로 들릴지는(비칠지는)

몰라도 본인은 필사적으로 그것을 고치려고 할 것이다.

늙음은 내리막길?

쓰고 말하는 나 자신도 그 손해가 되는 변용의 한가운데 있다. 이른바 체육 계열과는 거리가 멀지만 유도 경험이 있고 허리는 누가 봐도 튼실한데 나이 육십이라는 소리를 들은 시절부터 몸이 노쇠해졌다. 옛날의 영광을 아쉬워하는 것은 논외라 쳐도 몸은 건강하고 특히 다리는 자신이 있었는데 갑자기 오른쪽 무릎이 아프기 시작하여 제대로 걷지 못하게 되었다. 변형성 무릎관절증상이라는 진단에 놀라 입을 다물지 못하고 듣는 수 밖에 없었다.

다행히 지속적으로 치료를 받은 덕분인지, 계절이 좋아졌기 때문인지 그 후 회복하여 재활 치료에 돌입했다. 그러나 스트레칭을 너무 무리하게 해서인지 오히려 무릎이 더 나빠졌다. 이렇게 하면 좋다는 충고를 받자 그 충고만으로 벌써 자신의 가치가 떨어지는 듯 한 기분이 들어 솔직하게 듣지 않는 자신을 느낀다.

이러한 자신의 무언가가 잘 안풀려서 걱정하는 태도나 초조함(과민반응)의 대부분은 나이가 들어가면서 처음 경험하게 되는 것이라는 사실에서 생겨난다. 누구에게도 인생은 한번 뿐으로 되돌 릴 수는 없다. 누구든지 신입생의 기분으로 나이를 먹어 쇠퇴함을 맞이한다. "죽음이라는 것은 인간의 마지막 길이라고 이전부터 들어왔는데"라고 《이세모노가타리(伊勢物語)》[03]의 주인공이 노래한 죽음과 같은 주저함이나 공포조차 느끼게 한다. 아리스토텔레스는 상승하는 목적론을 제시했는데 이에 반해 이것은 밑으로 추락하는 목적론이라고 해야 할까?

---

03 헤이안시대(794~184) 초기에 성립된 노래를 가미한 이야기(物語)로 작자 미상..

확실히 몸은 젊어지지 않는다. 따라서 몸의 기능을 거의 되돌릴 수 없다는 것은 어쩔 수가 없다. 그렇지만 그러한 내리막길과는 별개로 마음의 자세가 중요하다. 체력이나 기억력과 함께 기력도 저하되는가? 그 저하를 허용할 수 없다고 하여 너무 초조해 하면 그것은 오히려 기분이 허하게 되며 결국 '노익장의 과시'가 되고 건강에 악영향을 미치며 무리한 반작용으로 오히려 기분이 더 떨어지게 된다.

'일부러 보지 않는다'—살아남는 지혜

인간은 자각없이 살고 죽는 동물이 아니다. 사자에게 하반신을 먹히면서 눈을 부릅뜨고 있는(그렇게 보인다) 인팔라와는 다르다. 살고 죽는 자신을 자신이 관찰하고 반성하고 기뻐하거나 겁을 내거나 자기 혐오를 느끼거나 한다. 그 관찰과 반성은 진화사적으로는 인류의 생존을 조장해 온 능력일 것이다. 그것이 반대로 동물이 본래적으로 갖고 있는 한 가지에 전념하는 생명력을 없애는 경우도 있다. 왜인가? 그리고 어떻게 대처할 수 있는가?

이것은 어느 쪽인가 하면 '살아가는 공부'에 속하며 〈제6장〉에서 좀 더 자세하게 설명할 것이다. 회복 불능으로 절망적인 상태에 빠진 환자가 일부러 의식 회로를 닫아버리고는 미쳐버릴 것 같은 현실에서 자신을 구원하는 경우가 있다. 행복한 사람은 자신의 현상을 확인하고 맛보는 것으로 행복을 증폭시키는데 반해 불행한 사람은 확인을 거절하는 것으로 보다 커다른 불행에 빠지는 것을 피한다. 자기 자신의 관찰과 반성을 오히려 절단하는 것이다. 떠오르는 수 만 가지 생각을 스스로 금지하는 것이다. 그것은 계속적인 생존을 위해 자기 자신에게 부여한 도피이다.

이 '일부러 보지 않는다, 생각하지 않는다'는 작전은 다방면에서 유효하다. 그렇다기 보다는 이것 저것 너무 많은 것이 눈에 들어오고 생각이 지나쳐버리면 인간은 선택할 수 없게 되고 급기야 행동할 수 없게 된다는 것을 마음에 새길 필요가 있다. 데카르트의 권유에 따르면 숲속에서 길을 잃어버리면 일단 한쪽 방향을 결정하여 어디까지나 그 방향으로 나아가야 한다(《방법서설》 제3부). 자신의 일(직업)에 의문을 느껴 이것 저것 생각에 빠지면 아무튼 '오늘만은 회사에 간다'고 생각하게 된다. 그것이 인간의 '변용'의 힘과 잘 결합하여 '변용'에 휘둘리지 않는 하나의 어디까지나 하나의 방법이라고 생각한다.

카프카의 《변신》이 가르쳐 주는 것

자기변용을 논하면서 가프카의 소설 《변신》을 언급하지 않을 수 없다. 제목이 시사하는 것처럼 이 유명한 소설은 확실히 극적 변용을 그리고 있다.

어느 날 아침, 눈을 뜨자 주인공 그레고리는 커다란 벌레로 변해 있었다. 곧 죽음에 이르는 그 후의 악전고투나 체념(벌레가 되어버린)과 가족과 주위의 대응(패닉의 일상화)을 카프카는 때때로 코믹한 텃치로 묘사하고 있다. 변용은 확실히 그레고리에 있어서는 악몽이었다. 인간이 벌레가 되어 죽어버린다는 것, 좋은지 나쁜지를 묻는다면 분명히 '나쁜', '불행한', '비참한' 변용이라고 밖에는 말할 수 없을 것이다. 이 소설은 그러나 기묘한 긍정에 둘러싸여 막을 내린다. 그레고리가 완전히 진이 빠져 죽은 후 가족은 해방된 것처럼 가벼운 기분이 되고 그레고리의 여동생이 꽃이 핀 듯 젊어진 것에 초점이 옮겨가면서 대단원을 맞이한다. 마치 주인공은 그레고리가 아니었던 것처럼. 이야기에 '주인공'은 처음부터 필요 없었던 듯하다.

그레고리의 가족에게 그들이 당사자가 된 '변용'은 이른바 비온 후에 개인다는 속담과 비슷한 경과였다. 이것은 생존자들(가족)이 죽은 자(그 레고리)의 운명을 비정하게도 내팽개치고 가족의 일체성에서 배제시키고 있는 것일까? 조금 다르다고 생각한다. 변용은 관계자에게 하나의 단선으로 정리되는 동일한 사건이 아니라 많은 절개구를 갖는다라기 보다는 복수의 선이 있고 그것이 더욱 분기되거나 얽히거나 한다. 그 복잡하고 애매모호하여 '좋다'는 것도 '나쁘다'는 것도 들이 삼킨 전체가 사실은 변용이라 불리는 것이다. 이 소설의 원제인 독일어 Vrewandlung은 사물의 변모, 장면의 전환, 그리고 인간의 변신, 이러한 전반을 가리키는 언어라는 것을 떠올리자. 주인공이 '괴물'이 된 것이라기 보다는 변용의 사건 자체가 하나의 괴물일지도 모른다.

애당초 동일한 이야기를 공유하는 것은 어렵다. 누군가의 이야기가 끝난 부분에서 다른 누군가의 이야기가 멋진 환경 안으로 들어오거나 한다. 내가 불행에 직면해 있을 이 같은 시각에 이웃 사람은 생애 최고의 기쁨에 취해있을지 모른다. 육친이 돌아가신 후 특히 그것이 오랜 시간동안의 근심의 끝인 경우 가족은 그 죽음을 애도하면서도 어딘지 모르게 안심하는 기분이 감돌 것이다. 아버지가 절명한 한 밤중의 침대 옆에서 나는 애도의 밤을 지새면서 허겁지겁 샌드위치를 먹었다. 아버지에 대한 케어를 게을리 했다고는 생각하지 않는다. 말기를 맞은 아버지를 지켜보면서 등을 토닥이며 텔레비전에서 함께 스모를 관전하는 등 될 수 있는 한 시간을 공유하려 했다. 그렇지만 같은 시간에 같은 장소에 있어서 같은 일을 했다 손치더라도 시간은 무정하게 우리들 사이를 헤집고 빠져 나가는 듯 한 느낌이 들었다.

또한 가족과 함께 유학한 곳인 미국에서 암이 발병하여 이미 손쓰기에는 늦었다고 진단받은 동료도 애틋하게 기억이 난다. 일본에 돌아와 2-3개월의 투병도 헛되어 끝내 죽고 말았다. 학령기의 아이들은 "아빠가 불쌍하지만 우리들은 미국에서 즐거웠다"고 천진난만하게 말한다. 그것이야말로 "오늘은 누구에게 있어서는 좋은 날"이다. 그것이 누구인가는 하나님만이 결정할 것이다. 선종에는 "매일이 좋은 날"이라는 말이 있다. 표면적으로 읽으면 매일이 좋은 날이라고 생각해 버릴 듯 한데 실은 "비록 곤란한 일을 경험했다 해도 그러한 좋고 나쁨의 기준에 구속되지 말고 그 날 그 날을 솔직하게 맞이하며 보낸다"고 하는 투철한 경지를 의미한다. "누군가에게는 좋은 날"과 통하는 달관이 있다.

우연성이라든지 타자라든지

프랑스의 현대 사상이 인기를 모으는 지금의 일본 철학계에서는 '동일성'이나 존재론 같은 것이 의문시되고 우연성, 혹은 타자와 같은 언어를 자주 듣게 된다.

나는 절대의 타자가 있을까 하는 의심을 한다. 내가 아는 것은 죽음의 자리에 누워있는 아버지를, 그 아버지와의 시간을, 내가 내 손으로 꼭 붙들 수 없었다는 것이다. 만약 타자라는 말을 사용한다면 그렇게 나와 계속적으로 엇갈렸던 아버지야말로 일종의 타자였다는 것이 된다. 그리고 생각해보면 그 마지막의 한 때 뿐만이 아니라 그가 아직 건재하여 우리들이 좋은 부자관계를 연기하던 몇 십년간 대부분의 시간을, 순간을, 실제로 우리들은 서로 타자로서 지상에서 살고 있었다는 것이다. 고교생, 대학생인 내가 종교나 인생을 둘러싸고 아버지와 대립하고 아버지를 경멸하는 젊은이로 살았던 시절이나 그 후 가정을 갖고 아버지와 화해한 때이거나, 그 희로애락의 강약은 지상에 사는 친구들의 타자성을 근본적으로 바꾸는 것은 아니었다.

부모 자식간의 '자연'스러운 정과 사랑을 부정하는 것은 아니다. 타인과 별반 다르게 없었다 라고 말하는 것도 아니다. 부자간이니까 당연히 항상 서로 친숙하고 서로 사랑해야 한다고 말하는 인간적인 신화를 의심하는 것뿐이다. 위암 말기의 아버지 등을 두드려드리면서 아버지를 고통스럽게 하던 위의 이물질이 이렇게 해서 사라지도록, 예수님처럼 손을 만져 기적이 일어나도록 나는 절실하게 기도했다. 그 순간의 기분은 진정이었으며 의심할 수 없다.

다시 말하면 타자란 결코 나에게 생생한 깨달음의 순간을 주는 천사 같은 존재가 아니라 나를 비참함에 빠트리는 위험한 존재도 아니며 알 듯 모르는 듯 알았다고 생각하면 그 다음에는 모르게 되고 마지막까지 납득이 가지 않는 애매한 것이다. 우연성. 그것을 즐기려 하는 것은 무리겠지만 타자가 보여주는 그 순간 순간의 모습을 허심탄회하게 받아들일 수 있다면 더 좋을 것이다. 그것은 객관적인 것과는 약간 다르다. 부처라 생각했던 자가 반야로 변하면 두렵다, 배신당했다고 생각하고, 그 반대라면 그 사람을 다시 보게 되었다는 식으로 우리들은 어쩔 수 없이 변용의 스토리로 기울어져 있는 가운데 타자를 봐버린다. 자신이 그러한 안경을 쓰고 있다는 것을 의식하면서 될 수 있는 한 보정하는 것인지도 모른다.

우연을 찬스로 바꾼다

'운명'에 따른다고 하는 자기변용의 전략에 대해 생각해볼 필요가 있다. 어느 영화 감독은 일에 대한 의뢰를 결코 거절하지 않고 '들어온 순서대로 임한다'고 말했다. 그러한 제안은 자기에게 오는 운명에 있고 그것은 본래 있어야하는 흐름이기 때문에 자신의 의지(오히려 마음)로 바꿔버리는 것은 부자연스럽다고 말한다. 운명적으로 만날 수 밖에 없는 사람은 어차피 만나게 된다고도 덧붙였다. 내가 좋아하는 애니메이션 주제가의 가사로 말하면 "우연을 찬스로 바꾼다'는 것이다.

'흐름을 자신에게 끌어 들인다'는 발상을 받아들이는 사람도 있는 듯한데 나는 그렇지 않다. 커다란 흐름을 읽고 자신이 서 있는 위치와 방향성을 판단하는 것은 현명한 방법일지도 모른다는 점을 인정한다. 그러나 흘러가는 것에는 보이지 않는 것이 많다. 게다가 흐름이 있어도 저쪽에서 피해가는 것이기 때문에 보이지 않는 시늉을 하는 것도 좋다. 나쁜 흐름이 있다 해도 모르는 척 하면서 놓아버린다. 또 좋은 흐름이 있어 그것을 필사적으로 붙잡으려 하면 오히려 도망가 버리기 때문에 이것도 못 본 척 한다. 그렇게 하면 좋은 흐름이 다시 다가온다. 이것이 나의 '흐름을 보지 않는' 것으로 그 상황이나 사람들을 받아들여 그 순간순간을 최선으로 살아가는 신조다. 전체로서 강렬한 지향성을 갖게 하지 못하는 의미로 평탄한 삶이 될 것이다.

다만 세상에는 점점 나쁜 흐름을 끌어들이는 타입의 사람이 확실히 있다. '나쁜 별'이라는 것은 믿지 않지만 태어나 자란 환경, 주위의 사람, 교육 등(제2장에서 설명하는 사회관계성과 인간관계성)에서 본인의 경험의 범위가 제약되어 버려 그래서 성격이나 행동, 사고의 패턴(자기관계성)이 기본적으로 정해져 버리는 것이다. 그렇게 되면 그 사람이 경험할 수 있는 것이 한쪽으로 쏠리는 악순환이 된다. 그것이 나쁜 흐름이 아닐까? 원조의 방법으로는 그 패턴을 느슨하게 해서 본인의 잠재력이 서서히 자기관계성을 바꿔가도록 해주는 것이 있다면 좋을 것이다.

제3절 자기와 타자

얼굴의 '다면'성(1)─수동성, 장애

'타자'의 사상은 '저쪽'의 것을 말하려고 한다. 이에 대해 본서의 '자기'는 다시 말하면 '이쪽'의 것을 문제 삼는다. 그렇다고 하면 본서는 '타자'의 사상과 정반대의 접근을 취하는 것이 되는데 이렇게 이해하면 틀리지 않는 것일까? 자기론은 타자론과 어떻게 연결될 수 있는가? 정반대의 관계에 있는가? '변용'한 '자기'는 타자는 아닌가? 나 자신은 그러한 대답을 아직 얻지 못했다. 본서의 집필 과정에서 조금은 근접해갈지 모른다.

'타자' 사상의 융성을 부른 현대 철학자 레비나스가 타자성을 무엇보다도 '얼굴'이라 관념화한 것은 잘 알려져 있다. 타자의 사상 전반과 마찬가지로 얼굴의 개념에 대해서도 나의 이해는 도중에서 벽에 부딪쳤다. 해석과 무이해가 혼재되어 있는 것을 인정하면서 여기서 세 가지 정도 '얼굴'에 대해 기술해보도록 하자.

첫째 레비나스는 타자의 '얼굴'을 윤리적으로 파악했다. 내가 '얼굴'을 보는 것이 아니라 나는 '얼굴'에 보여진다. '얼굴'은 그러한 수동성을 나에게 알려주는 만남이며 일어난 일이라고 말할 수 있을 것이다. 나의 습관에서 오는 예상과 기대의 구도를 깨고 정신을 차려보면 '얼굴'이 나를 보고 있다. 다만 이것은 레비나스 철학을 좋게 읽었기 때문이다. 예상과 기대의 구도가 배경에 있기에 그것을 뒤집는 '얼굴'의 사건은 가능하다고 생각된다. 이러한 의미에서 '얼굴'은 전면적으로 알지 못하는 것이라 말할 수 없는 것은 아닌가? 기존의 지를 깨고 미지의 것이 튀어나온다. 지인이, 친구가, 가족이, 어느 날 생각지도 못하는 한 부분을 보여준다. 그것이 바로 '얼굴'이다.

그런가 하고 생각하던 경험은 나에게도 몇 가지 있다. 대학생 시절, 기숙사 모임에서 찌개를 중간에 두고는 나는 아래층에 사는 동급생에게 "술을 마시지 못하면 남자가 아니지"라고 취기가 올라 말한 적 있다. 그러자 그 친구는 "그러면 나는 남자가 아니겠군" 하면서 들고 있던 것가

락을 접시에 탁하고 내려놓더니 의자를 발로 차버렸다. 마음이 잘 맞았던 친구의 갑작스런 격앙, 의외의 장면. 나는 자신의 경솔함을 후회했다.

눈을 마주쳤을 때 왜인지 이쪽에서 마음이 불편해지거나 죄악감 조차 느끼게 된다. 왜 그런가 하는 이유를 떠져 보면 나의 어린 시절까지 거슬러 올라가게 된다. 제사처럼 사람이 많이 모이는 장소에서 걸식을 하는 상해군인들의 이상한 모습(사지의 어느 부분이 결손되어 있는 경우가 많다)을 떠올린다. 대부분의 어른은 익숙해져 둔감해지거나 일부러 보지 않으려 했을 것이다. 나는 그것을 반드시 비-윤리적이라고 생각하지는 않는다. 아마도 자기 자신의 장애와 조금은 절충하여 그것을 댓가로 살아가는 수단으로 바꾼 상해군인들 자신에게 필요에서 오는 익숙함이 생겨났다고 생각하기 때문이다. 그런데 아이는 그렇지 않다. '보아서는 안되는 것'을 피하지도 않으면서 응시해 버린다.

타자의 '얼굴'을 설명하는데 장애를 예로 드는 것은 온당하지 않을지도 모른다. 장애를 가진 인간들은 자신들의 모습이 이상하다거나 이상한 형태라거나 하는 극단적인 언어로 형용되고 싶지는 않을 것이다. 해당 사람이 싫어하는 일은 하지 않는다는 것은 예의나 도덕의 기본이다. 다만 아마 장애라는 것이 환기하는 어떤 근원적인 이미지나 힘, 다른 경계로의 통로는 틀림없이 있기 때문에 《고사기》에서는 장애를 가진 채 태어난 존재에 성스러운 성질이 있다고 했다. 한편 지금의 일본에서는 장애자들이 만든 극단이 자신들의 특징 있는 신체를 표현 수단으로 적극 활용하면서 주목을 끌고 있다. 이른바 건강한 자에 속하는 나에게 장애는 문화라거나 아름다움이라거나 하고 입에 올리기는 꺼려지지만 장애라는 변용이 적어도 일방적인 마이너스 가치를 강요해서는 안된다는 것은 확실하다(변용의 양가성).

레비나스에게 일부러 이의를 제기하고 싶지는 않다. 생각해보면 애용하는 컴퓨터에게도 '얼굴'은 없는 것일까? 이 원고를 집필(입력)중에 컴퓨터가 갑자기 어프리케이션을 닫아버리고 재가동을 시작하여 어떤 프로그램의 갱신을 시작했다. 나는 마음을 졸였지만 써두었던 원고는 이미 보존해두었다는 것을 알고는 일단은 안심했다. "아아, 그것은 말이지"하고 내막을 아는 사람에게 나의 행동은 이해가 안 될 것이다. 아무튼 인간만이 '얼굴'을 나를 향해 돌리는 것이 아니다. 물건(사물)도 때로는 얼굴을 내민다고 나는 믿고 있다. '모든 사물에는 생명이 들어있다'고 하는 애니미즘은 오늘날 과학 기술 세계에서 의외로 그리 멀지 않을지도 모른다.

이러한 것도 생각한다. 새똥을 맞을 때가 있다. 어디로부터인지도 모르게 떨어질 때 머리에 가벼운 충격이 있고 처음에는 무엇이 일어났는지 모른다. 만져보면 물감처럼 보이는 부드러움, 약간 냄새가 나는 덩어리가 손에 느껴진다. 아 … 혹시 … '상대'가 누구인지 조차도 잘 모른다. 이렇게 손에 잡기 어려운 사건이 바로 하나의 '얼굴'이 아닌가? 레비나스(와 그 동조자)에게는 실례일지는 모르지만 나로서는 진지한 제안이다.

얼굴의 '다면'성(2)-자신의 타자성

얼굴에 대한 논평의 또 하나(둘째). 나 자신의 얼굴도 자신이 소유할 수 있는 것이 아니라 의외성을 갖는 타자로서의 '얼굴'은 아닐까?

여기 반세기 가까이 매일 콧수염을 깎는데 요령이 나쁘고 수염이 남아있는 경우가 있다. 가까운 사람에게 지적당하거나 가끔 거울에서 발견기도 한다. 아마 거의 매일 다 깎지 못한 수염이 남아 있을 것이다. 자신의 무정한 것을 화제로 삼아 얼굴에는 가령 얼굴의 가장자리조차도 제어하지 못하는 이단의 지역이 있다고 느껴 버린다. 내 얼굴은 나에게 있어서는 타인이다. 또한 얼굴은 사물(물질)이기도 하다.

수염보다도 훨씬 손이 닿기 어려운 부분이 머리 뒤쪽이다. 달의 뒷면처럼 자신의 눈에 아무리 시간이 지나도 들어오지 않는다. 나의 경우, 머리 뒤쪽에 어렸을 때 입은 상처의 흔적이 상당히 깊고 크게 파여 있다. 머리를 짧게 잘랐기 때문에 누구라도 뒤에서 나를 보면 곧 알아차리는데 가까운 사람조차도 꺼리거나 만지지 않는다. 아버지만이 "너의 머리에는 깨진 자국이 있다"고 했다. 깨진 것이란 상처의 사투리로 그 말의 이타성을 생각한다.

머리를 깎으면 '깨진 자국'은 싫어도 눈에 들어온다. 그런데 얼마나 보기 흉했는지, 아니면 손님의 결함(?)을 입에 담는 것이 손님의 기분을 상하게 만든다고 생각했는지 어른이 되어서는 이발사에게 말을 들은 경우는 두 세 번 정도이다. 나는 대부분의 이발을 이발소에서 했다. 앉을 때 짧게 아주 간단하게 지시할 뿐 바리캉을 사용해라거나 하지 말라거나 옆머리는 몇 센치로 할 지 그러한 세세한 것은 주문하지 않는다. 눈을 감고 느긋하게 끝날 때까지 기다린다. 다 끝나고 난 뒤 거울을 보면 예상과는 달라 놀란 적도 있다. 나는 그 의외성을 즐기며 그것이 자신의 새로운 '머리 스타일'이라고 생각하려고 한다.

헤어스타일의 변용 이라고 내가 말하는 것은 웃기 어려운 농담일지도 모른다. 왜냐하면 내 머리의 정수리는 너무나 엷으며, 라기 보다는 벗겨져 있기 때문이다. 이렇게 커밍아웃하는 것에 용기가 필요없는 것은 아니다. 20대 중반까지 친구들과 이야기를 하면서 밤을 새운 아침 "아, 나카오카 혹시 대머리?"라고 한 녀석에게 말을 듣기 전까지 엷어진 머리를 전혀 신경 쓴 적이 없었는데 그 이후부터 줄 곳 나의 아킬레스건이 되었다. 자신에게 속한 귀찮고 성가신 이물질, 낙인, 시간강사를 하고 있던 여자대학에서 대체적으로 호의 있는 시선을 느꼈었다. 그러던 어느 날 식당에서 줄을 서고 있는데 내 뒤에서 갑자기 "대머리잖아!"라고 외치는 소리에 약간은 놀란 듯 웃는 소리가 모두들에게 동감된 순간은 알몸을 보인 것 같은 방어불능상태가 되었다. 30대 중반까지 비만 조짐이 보였을 때도 머리를 어떻게 빗으면 좋을지에 대한 대책에 더 절차부심했었다.

나의 자기이물체험은 더 이상 필요없는 것일까? 방송대에 근무하는 연구자에게 다음과 같은 말을 들었다. 어느 날 근무지에서 때마침 텔레비전의 화면이 눈에 들어왔다. 누군가가 강의를 하고 있었다. 자신과 상당히 닮은 인물인 듯 했다. 누구일까 하고 생각하면서 눈을 조아리자 다름 아닌 자기 자신의 강의 풍경이었다는 것이다. 그러고 보니 이시카와 다쿠보쿠(石川 啄木)[04]의 《한줌의 모래》에 수록되어 있던 "거울집 앞에 와서 앗! 하고 놀라네. 볼품없이 걷는 녀석일지도"라는 노래도 거울에 비친 자신의 모습이 준 불편한 충격을 표현하고 있다. 게다가 동창회에 나갔을 때의 기묘한 감각도 같은 원천에서 나오는 것이라 생각한다. 옛날 젊음을 뽐내던 자신을 재발견할 수 있으면 좋을(대부분의 사람들은 그 컨플제(camphre)로서 동창회를 사용할지도 모른다)것 같은데 오히려 눈앞에 머리는 벗겨지고 배는 흉측하게 나온 고령자를 본다. 그것은 자신이 인정하고 싶지 않은 현재의 자신과 닮은 모습이다.

자신의 모습이란 그 정도로 위화감을 부르는 존재일 수 있다. 자신이 다른 사람 처럼 보인다는 점에서 이인병(離人症)이라는 병리가 관계해올 것이다. 또 도플갱어(Doppelgänger:분신)라는 현상도 알려져 있다. 즉 X라는 인물의 모습이 동시각 다른 장소에서 목격되거나 혹은 X씨 자신이 '다른 자신'을 목격하거나 한다. 이렇게 '다른 자신'을 봐버리면 죽을 때가 가깝다고 하는 속설은 받아들이고 싶지 않지만 그 정도로 자기의 타

---

04 이시카와 다쿠보쿠(1886-1912). 일본의 가인(歌人)이며 시인. 본명은 이시가와 하지메(石川一).

자성이 전면에 나오는 것은 해당자가 습관적인 무사 안일함을 잃고는 무언가 위기 혹은 전기에 직면해 있기 때문이라는 것은 생각할 수 있다.

얼굴의 '다면'성(3)−자신이 쓴 글

셋째. 자신의 타자성은 기호론적으로 볼 수도 있다. 프랑스의 현대철학자 데리다가 예로 드는 '쇼핑 리스트'의 토픽을 내 나름대로 부풀려서 생각해 본다.

데리다는 존 설(John Searle)[05]이라는 언어철학자와 문자에 의한 의사소통(커뮤니케이션)의 본질을 둘러싼 논쟁을 했다(데리다, 《유한책임회사》). 서기언어에 의한 커뮤니케이션(예를 들어 편지)은 받는 쪽이 부재할 때 제공되는 것이다. 가령 글 쓴 사람이 죽었어도 쓴 글은 구조적으로 해독가능하다. 데리다처럼 비틀어서 생각하는 데리다에 반론하기 위해 설은 쇼핑하기 위한 리스트를 만들고 나중에 상점에서 꺼내 읽는 장면을 상상시킨다. 리스트를 쓴 나와 읽는 나는 같은 존재가 아닌가? 받는 사람(나)은 거기에 있는데(현전한다) 이것은 데리다가 말하는 것처럼 '부재'는 아닐 것이다.

독자는 데리다와 설의 어느 쪽의 손을 들어줄 것인가? 상식적으로는 설의 논의가 설득력을 갖는다. 쇼핑 리스트는 이전의 내가 이후의 나의 기억을 되살리기 위하여 자기 자신에게 보낸 메세지라 간주할 수 있다. 그 종이 쪼가리가 예를 들어 저녁식사의 재료를 적어놓은 리스트라는 것을 나는 당연하게 외우고 있을 것이다(무엇이든지 쓴 다음에 몇 시간 밖에는 경과하지 않았기 때문에). '읽는 나'는 '쓴 나'를 완전히 이해할 수 있

---

05 존 설(John Rogers Searle, 1932년 7월 31일−)은 언어철학과 심리철학을 전공했으며 캘리포니아 대학교 버클리(University of California, Berkeley) 교수이다.

다고 생각한다.

그러나 상식의 범위 내에서도 이 동일성에 의문이 생기는 경우는 있을 수 있다. 저녁 식사의 메뉴와는 관계없는 메모된, 그것도 내가 서둘러 써내려갔기 때문에 판독하기 어려운 물건(귀이개라고 하자)이 쇼핑 리스트에 섞여 있다고 한다면 읽는 나는 고민할 것인가? 쓰인 것의 의미와 '쓴 나'의 의도가 어려움 없이 이해되고 구매가 실행되는 다른 물품들 속에서 '귀이개'는 그 이물성(뭐지 이게?, 왜?)으로 두드러지며 타자로서의 얼굴을 '읽는 나'에게 강하게 내미는 것은 아닌가? 쓰고 난 뒤 시간이 지났거나 나의 기억이 극도로 떨어지거나 했다면 '쓴 나'의 의도는 불투명하며 이 이물성은 더욱 증폭될 것인가?

쇼핑 리스트의 예에서 벗어나면 '쓴 나'와 '읽는 나'의 차이가 보다 심각한 의미를 갖는 것은 예를 들어 전술한 사전 지시서의 경우이다. 사전 지시서는 건강한(혹은 병상이 아직 중하지 않다) 내가 말기의 자신의 치료 방침을 사전에 지시하기 때문에 기본적으로는 의료자나 가족, 지인을 향한 문서인데 '말기의 나'에게 보내는 메세지라고 해석되지 않는 것은 아니다. '건강한 나'가 '말기의 나'에게 예를 들어 호흡곤란에 빠졌을 때의 인공호흡기 부착을 금한다. '말기의 나'는 고통을 감내하지 못하고 혹은 가족의 혼신의 노력에 져서 인공호흡기를 부착한다. 여기에는 다른 두 사람이 있으며 그 두 사람 사이의-라고는 해도 가족이나 의료자를 잊어서는 안되지만-커뮤니케이션, 대립, 갈등이 있는 것은 아닐까? '나' 속에서의 그 차이, 그 변용을 나 자신 어떻게 받아들이고 표현하고 어떻게 부합해 갈 수 있을까? 이것은 개인으로서도 자기변용론에서도 너무나 커다란 과제의 하나이다.

제4절 가치의 원근법

믿는 자의 변용과 젠더-성

위에서 기술한 것처럼 자기변용이라는 것은 얼마든지 말할 수 있는데 거기에 개인적인 입장의 차이 이상의 것이 들어있다. 남녀의 성차(젠더 바이어스)는 그 중요한 것 중의 하나이다. 이하 서양의 철학사 공부도 함께 들어있다.

일본의 독자에게는 거의 알려지지 않았는데 기독교 초기의 철학, 신학에 공헌한 "교부"들 중의 한 사람인 닛사의 그레고리오스(Gregorios, 335~395년 경)라는 사람이 있다. 소아시아반도(지금의 터키)에 닛사라는 도시가 있는데 거기서 주교로 근무하던 그레고리오스이다. 교부에도 라틴어로 글을 쓴 라틴교부라 불리는 사람들(그 대표자가 유명한 아우구스티누스)과 그리스어로 글을 쓴 그리스 교부가 있는데 닛사의 그레고리오스는 후자에 속한다.

이 그레고리오스는 신자의 영혼이 신을 향해 걸어가는 도정을 아리스토텔레스의 목적론(본장 제1절 참조)을 참고하면서 묘사한다(《아가신화》). 신이란 '제1원인' 혹은 '선'이며, 인간을 그러한 자기에게로 끌어당기면서 인간의 자기변용을 촉진하는 구극적인 존재다. 이 부분은 명확하게 아리스토텔레스를 따르고 있다. 아리스토텔레스에 의하면 신은 "그 스스로의 안에 전존재를 포함하고 있기 때문에 어떠한 한정으로도 규정되지 않는다". 반대로 말하면 신 이외의 존재는 각각 다른 어떠한 존재에 의해 '규정'된다. 즉 유한이며 다른 것에 의해 움직이게 된다(규정이라는 언어의 중요성에 대해서는 제5장 제2절 참조). 이 점에서도 아리스토텔레스의 '부동의 동자'의 개념에 가깝다.

한편 닛사의 그레고리오스의 신은 기독교의 신이기에 인간을 창조하고 인간을 사랑하고 인간을 스스로 끌어들이도록 한다. 『구약성서』의 일부를 이루는 〈아가서〉는 남녀가 서로 사랑을 노래하는 일본으로 치면 상문가(相聞歌)[06]에 해당하는 내용을 갖는데 그레고리오스는 그것을 "신과 인간의 사랑의 일치를 위한 길"로 해석한다. 신자의 혼은 신의 사랑에 힘을 얻어 신에게로 '확장'한다. 이 적절한, 현대인에게도 매력있는 서술에, 그러나 오늘날 말하는 '젠더 바이어스', 남녀의 성차에 대한 고정관념이 있다는 것은 부정할 수 없다.

질료와 형상

그 전에 '형상'과 '질료'(물리학에서 말하는 질량이 아니다)라는 대개념을 이해하는 편이 나을 것이다. 후대까지 아리스토텔레스가 절대적인 영향을 끼친 목적론의 중심을 이루는 개념이다. 지금까지도 서양 사람이 변화를 이미지화할 때 '형상과 질료'의 체계안에서 생각하는 것이 많기 때문에 우리들도 이에 대해 살펴보자. 질료란 재료, 소재라고 생각하면 좋다. 점토와 같은 것이 있다고 가정 한다면 그것이 질료가 되고 그래서 도자기를 만들었다고 하면 도자기의 형태가 형상이 된다. 우리들 인간으로 말하면 육체가 질료이며 영혼, 마음이라 불리는 것이 형상이다. 인간을 도자기에 비유하면 창조주인 신이 도공에 해당된다. 이러한 설명이 우선은 이해하기 쉬울 것이다.

그러면 어디에 성차의 문제가 있는 것일까? 그레고리오스에 따르면 생성변화에는 두 종류가 있다. 덕에 어울리고 '견고하여 엄격한' 존재는 '남자의 생'이다. 이에 비해 '질료적인 그리고 정념에 복종하기 쉬운' 존재는 '여성적인 생'이다. 다만 변용의 방법 그 자체에 남성다움 또는 여

---

06 상문가는 연인들 간에 서로 안부 등을 주고받는 사랑가이다.

성다움이 있는 것이 아니라 '형상'의 단계에서 구별된다. 덕의 가르침에 따라 '남자의 형상'을 새기면 전자의 타입, 악덕의 가르침에 의해 '여자의 형상'을 새기면 후자 타입의 변용이 된다고 한다. 아무튼 도덕적으로 봐서 '좋은' 변용이 남성에, '나쁜' 것까지는 아닐찌라도 위험한 변용이 여성에 해당되는 것으로 오늘날로 보면 명백한 남녀 차별이다. 그렇게 된다고 해서 남녀의 성차를 내재시킨 언설을 전면적으로 배척한 것이 아니라 단지 그 언설의 의미를 재검토할 필요가 있다는 것이다.

자연안에서 불상이 될 수 있는 방법─목단불(木端佛)과 석불

보는 눈이 같은 종교라도 이번에는 일본의 서민 신앙의 세계로 옮겨 가 보자.

'목단(木端)'이라는 말이 있다. 말 그대로 자른 나무, 나무의 끄트머리, 가치가 낮고 지위가 가벼운 것의 비유. '말단 관리'라고 하면 불면 날아갈 것 같은 최하위직의 관리이다. 에도시대의 승려 엔쿠(円空)[07]는 전국 각지를 여행하며 돌아보면서 '엔쿠불'이라 불리는 독특한 불상을 각지에 만들어 남긴 인물인데 그의 작품 중에 '목단불'이라는 장르가 있다. 나무 쪼가리를 이용하여 만든 이 불상들을 나는 전시회에서 본적이 있는데 손가락의 길이와 둘레에도 미치지 못할 정도로 작아서 눈과 코도 흐릿한 흔적이 있을 정도에 불과했다. 설명 없이 처음 본 사람은 그것이 무엇인지 당황스러울 것이며 '불상'이라고 하면 눈이 휘둥그레질 것이다. 그 정도로 그것은 단순하게 '말단'이라 단정해도 틀리지는 않겠지만 반면 무가치하고 무용한 나무의 쪼가리인지, 보기에 따라서는 세계 전체에 필적하는 부처일지, 그 자체가 애매하여 경계가 없다. 이러한 조작

─────────────

07 엔쿠[円空](1632-1695)는 에도시대 전기의 행각승(行脚僧).

에 '부처'의 개념 자체가 변용해 있다.

목단불에서 '끄트머리라는 것' 그 자체가 성화된다. 이와 같은 일은 나가노현(長野縣)의 시모스와(下諏訪)에 있는 '만지(万治)의 석불'[08]에 대해서도 말할 수 있다. 보통의 논 한가운데서 사방에서 불어오는 바람을 맞으면서 진좌하고 있는데 마치 거대한 삼각김밥처럼 자연석위에 툭하고 불거져 나온 소박한, 작은 불상의 머리가 얹혀져 있다. 몸의 부분은 조작의 흔적이 없는 자연석이다. 그 위에 '머리'(다른 작은 돌)를 얹은 것으로 자연석의 의미가 재발견된다. '불상'이 현성한다. 이보다 훨씬 작은 불상이라면 아이가 놀이삼아 만든 것이라고 해도 이상하지 않은데 그 차이는 무엇인가? 아니면 아이가 여러 가지 물건을, 세계를 재발견하고 있는 것일까?

그 배경에는 엔쿠처럼 각지를 떠돌면서 불상을 만들고 남긴 승려들, '작불성'들의 존재가 있다. 그렇게 말해 버리면 간단하게 문화사의 한 페이지가 되지만 자연물을 그렇게 종교적으로 변용시키는 것을 생각해 낸 작자가 스스로 변용한 경위도 나는 알고 싶다. 그 사람들은 이리저리 울퉁불퉁한 인생길에서 어떤 인생 경험을 축적하며 혹은 어떤 '마음'에서 (그것은 결코 나쁜 일은 아니다) 승려가 되기로 결정했을까? 어떠한 계기로 유람을 시작하여 나무쪼가리나 돌로 부처를 만드는 것에서 '성스러움'을 찾았는가? 사람은 도대체 왜 무엇을 '부처'라 하며, 즉 종교적인 초월자로서 제사하고 무엇을 신앙하여 소망을 바라거나 하는 것일까? 그 과정은 단순하게 개인 내부의 '심리' 문제로 끝나지 않을 것이다. 문화의 역사에서도 도움을 받으면서 원래의 것과 교류하는 가운데 사람이 변한다. 사람의 상상력을 자극하고 사람에게 가공되면서 사물이 변한다.

---

08 이 석불이 '만지의 석불'로 불리는 이유는 만지3년(1660) 11월1일에 조각되었기 때문이다.

사람-사물의 관계. 여기에 자기변용의 철학이 중시하는 하나의 시점이 있다.

생성의 무구로

우리들 인간을 포함한 모든 사물은 멈춤없이 계속해서 흘러간다. 그러나 우리들 인간을 포함한 모든 살아 있는 것은 그 흘러간다는 현실에 능수능란하게 대처하지 못한다. 어떻게 해서 현장에 잘 순응하면 그 성공 체험에서 탄력을 받아 그것이 바로 유일한 최선의 수단이라고 절대화해버린다. 이후 환경이 변화하면 따라갈 수 없다. 그렇지만 어느 개체(개인)가 때마침 돌연변이로 새로운 대처법을 찾아냈다면 그 개체(개인)는 죽어 없어진다 해도 그 종(인류)은 그 대처법 덕분에 살아남을지 모른다.

아무튼 세계의 유동과 생성의 비정함. 그 때문에 우리들 인간은 태고부터 계속해서 '생성'이라는 눈앞에 있는 현실에 깊은 망설임과 무력감을 떠올려 절대 불변의 진리를 어딘가에서 확보하려고 노력했다. 진리란 인간이 이것저것 할 수 있는 만큼의 노력을 해본 결과 만들어낸 '날조'된 것이다. 그러한 인간의 욕망을 비웃듯이 니체는 '생성의 무구'(그의 유고집에 붙여진 표제이기도 하다)를 말한다. 나는 개인으로서의 틀을 깨고 보다 커다란 자신으로 성장해 간다. 그것보다 큰 '자기'의 측면에서 지금의 제약당하는 나의 모습을 반대로 응시해보면 어떤가? 니체의 제안은 거기에 있다.

세상 일은 실제로는 복잡하여 그물망과 관련되어 있다. 그러나 그 그물망을 하나하나 따라가려고 하면 우리들의 인식, 파악 능력은 지리멸렬해지고 행위 능력은 구멍이 나 버린다. 그래서 알기 쉬운 이야기를 선형적으로 정리하여(X가 발생했기 때문에 Y가 되었다) 자신도 개인도 납득시키려 하는 경우가 많다. 사물이, 타인이, 조직이, 자신이 변용했다고 하는 것도 그러한 이야기로 말하는 것이다.

좋지 않겠는가? 끝이 없는 자기변용의 과정에 나도, 당신도 들어가 있다. 변하려 하는 의지도, 변하고 싶지 않는 슬픈 바람도 모두 자기변용을 위한 하나의 계기이며 하나의 모습이다. 그것을 '대상'으로 묘사하려고 하는 나의 지금의 영위도 예외는 아니다.

자신들의 눈으로 봐서 '좋다' 혹은 '나쁘다'거나 제멋대로 가치를 부여하고 싶은 것은 인간의 본성일지도 모른다. 조금이라도 그 제약에서 벗어나 보는 것은 불가능할까? 그것이 이 〈변용가치론〉의 장에서 독자에 묻고 싶은 것이다.

니체라는 철학자는 조금은 어렵다고 당신들은 얼굴을 찡그릴지도 모른다. 그렇지만 그의 '생성의 무구'라거나 '영원회귀'는 실은 대단히 심플한 직관을 솔직하게 말하고 있다. 오히려 우리들이야말로 생성과 변용을 자신들의 주문에 집어넣고 자기만의 생각의 레일에 올라타 있는 것은 아닐까? 우리들 자신의 '이야기'를 완전히 버리지 않아도 좋다. 다만 약간은 저쪽에서 이쪽의 세계를 보려고 해보자. 그러한 눈을 기른다면 그 끝에서 '부처'가 보일지도 모른다. 독자의 가치관을 바꾸는 그 변용이 나는 즐겁다.

제2장
무엇이 변하는가
-변용관계성론

이 책의 테마는 여기까지 와서 다시 확인할 필요도 없지만 자기변용이다. 그리고 자기변용의 '자기'란 자신이라는 개인으로 한정하지 않는다고 앞에서 말했다. 자기는 물론 인간을 의미해도 좋은데 그 외 자연현상이거나 '사물'(자연물이나 인공물)이라고 해도 좋다. 이렇게 상당히 다양한 대상, 거의 삼라만상을 자기변용론이 포함한다면 변용하는 것은 무엇인가, 여기서 다시 한 번 정리해보는 것이 좋을 것이다.

제1절 다섯 가지의 관계성
─인간/사회/자연/자기/의미

다시 말하지만 개인도 변용하며 '사물'도 변용한다. 사회조직도 변용한다. 그러한 다양한 변용까지 기술하려고 할 때 그것을 기술하는(이른바) 주체인 개인으로서의 나의 관점에서 그러한 점에서 나를 중심으로, 나와의 관계성에서 변용은 기술되게 된다. 그 때문에 여기에서는 '변용하는 것은 무엇인가'라는 질문에 대해 변용하는 것의 '관계성'을 분류하는 형태로 대답할 것이다.

이 문제를 다섯 가지의 관계성, 즉 인간관계성, 사회관계성, 자연관계성, 자기관계성, 그리고 의미관계성으로 말해보자. 이러한 것들은 또한 서로 관련되어 있다.

인간의 아기가 생물종의 '사람'으로 태어날 때에는 사람으로서의 기능이나 통합성이 아직 충분히 개발되어 있지 않으며(자연관계성의 불완전), 타인과 만족스러운 상호관계를 갖지 못하며(인간관계성의 불완전), 의식이나 언어능력이 아직 잠을 자고 있기 때문에 자신이나 주위, 세계를 이해하고 해석할 수 없으며(의미관계성의 결여), 따라서 사회제도라는 추상적인 것과 관련될 수 없으며(사회관계성의 결여), 그 때문에 최저한의 자기와 주위의 지각은 있지만 이러한 세 가지의 관계성을 통하여 스스로를 이해하거나 표현하거나 하는 것도 불가능하다(자기관계성의 불완전).

다시 말하면 물심이 생기고 성인이 된 인간은 이 다섯 가지의 관계성의 어느 쪽에서 혹은 그 다섯 가지가 복합된 장면에서 변용하거나 변용을 목격하거나 한다.

인간관계성-의존과 확장

우리들은 태어나면서부터, 더 정확히 말하면 태아 때부터 인간관계에 둘러싸여 그 안에서 성장하면서 '자기'가 만들어지고 타인과 상호 행위를 하며 그것을 통해 또 자신이 변한다. 따라서 다른 사람, 특히 가까운 사람들과의 관계성이 '변용'의 커다란 열쇠가 되는 것은 분명할 것이다. 다른 사람들과 내실있는 교류가 가능하며 자신을 활용하는 것도 중요하다.

다른 사람과의 관계성이 변용하고 그 안에서 '나'도 변용한다. 반대로 변용하는 가운데 타자와의 관계성도 변용한다. 타인에 선악의 영향을 직접 받는 것은 물론이며 타자와 경쟁하며 반발하고 '저녀석 처럼은 되지 말자'고 마음속으로 다짐하며 타산지석으로 삼는다거나 하는 것도 인간관계성을 드러내는 방법의 하나이다. 이시가와 다쿠보쿠(石川啄木) 의 "한번이라도 내게 머리를 숙이도록 시킨/ 사람은 모두 죽어라 하고/ 기도했다《한줌의 모래》)"라는 노래가 있다. 나는 자존심 강하다. 자존심 강한 나에게 "한번이라도 머리를 숙이게 시킨" 놈들은 빨리 죽어라! 이 러한 의지의 피력과 저주는 인간관계성의 필연적인 부산물이며 그렇다 고 하여 일정한 자신 관계성에 도달한 근대인? 어른? 남자? 가 아니면 그러한 매정한 표현형은 띠지 않을 것이다.

인간관계성은 항상 혹은 리얼타임으로 의식에 반영된다고는 할 수 없 다. 부모 자식이든지 친구라든지 인간관계성이 변한 것을 눈치 채지 못 하는 경우도 있을 것이며 눈치는 챘지만 그것을 인정하고 싶지 않아서 '부인'하는 경우도 많을 것이다. 부인한다는 것은 이미 하나의 변용으로 자기관계성과도 연동해서 온다. 저 사람의 강권, 집요함에 져서 라는 인 간관계도 있을 것이다. 이것도 그러한 형태로 약간씩 주저주저하며 자 신을 납득시킨다는 점에서 자기관계성과 연결된다.

다양한 색으로 칠해져 있는 인간관계성의 형태가 있는데, 앞의 다쿠 보쿠의 자신의 의지의 피력과는 반대로 자기 자신의 존재 이유를 타인 에게 맡겨버리는 경우는 너무 비참한 인간관계다(이렇게 말해도 좋을지?). 오랜 시간에 걸쳐 남편을 돌보고 지탱해온 부인이 남편을 잃은 순간 끝 이 났다, 즉 자신이 누구인지 모르게 된 경우를 들은 적 있다. 남편이 부 인에게 의존해 있는 것과 마찬가지로 부인 쪽도(자신도 돌보는 자로서 필 요로 한다) 남편의 의존을 필요로 했던 것이다. 개인주의적인 생각은 각 사람의 자주자립, 및 자기주장을 전제로 하고 있는데 실제의 인간관계 는 좋든 싫든 이만큼 '합리적'인 것은 별로 없다. 다쿠보쿠의 자아 주장도, 가족을 부양하지 않으면 안되는 수수께끼의 짐도, 탄식과 함께 그리고 하다못해 그에 거역한 것처럼 드러나 있다. 우리들은 타인들에게 아주 크게 의존하고 있으며 특정한 인간(가족이나 애인 등)에 도를 지나칠 정도로 집착해버리는 경우조차 있다(술이나 약물에 의존하는 것처럼).

타인을 도울 때에는 그 사람이(과도하게) 의존하지 않도록 노력해야 한다. 다시 말하면 사람을 케어할 때에는 '셀프케어가 가능하도록 케어한다'는 것이 제일 중요하다. 이것은 제6장의 〈변용원조론〉에서 다시 언급할 것이다.

사회관계성-역할과 갈등

사회와의 관계성도 빼놓을 수는 없다. 루소처럼 문명사회라는 것을 싫어하고 '자연인'을 추구한 사상가도 있지만 그것은 그것으로 굴절된 형태로 표현된 하나의 사회관계성의 주장이다. 보통은 루소와는 반대로 '사회인'으로서의 존엄을 우리들은 한 발 더 나아가 추구할 것이다. 특히 사회적 마이너리티에 속한 사람의 경우, 단지 한 사람의 인간으로서 주위 사람들, 지역 사람들에게 받아들여져 교제하는(인간관계성) 것만으로는 충분하지 않고 그 마이너리티를 인정받는 것이 그 사회의 일원으로 살아가기(사회관계성) 위한 조건이 된다.

사회란 단적으로 개개인 인간의 집합, 추상적인 이름이나 이념만의 존재와는 다르다. '사회'로 총칭되는 전체사회라 해도 또 정치나 경제, 문화 영역의 다양한 개별 조직(자신의 나라, 자신의 사회, 자신의 스포츠 클럽 등)에서도 나와 어딘가에서 연결되어 있는 한 나에게 영향을 주는 독자적인 힘 혹은 존재이다. 또 내 쪽에서 그러한 영향을 주고받는 것도 불가능한 것은 아니다. 미국풍으로 말하면 나는 '납세자'로서 사회에서 의무를 다하지 않으면 안되는 한편 위정자나 행정에 정책 전환을 요구할 권리도 있다. 그 때 나는 정치사회의 일원으로서 활동하게 되며 나의 개성이나 기호가 동기가 된다고 해도 그러한 것은 개인적인 것이 아니라 공적인 요인으로서 움직인다-사회관계성의 한 표현으로서. 조직인 혹은 공인으로서의 '얼굴'(사회관계성)이 그 사람의 개인 혹은 사인(私人)으로서의 얼굴(자기관계성)과 배치되는 경우도 있을 것이다. 공인으로서의 결단이 사인으로서의 신념과 모순되는 경우도 있다.

'역할기대'라는 말을 들어본 적이 있는가? 사회 혹은 '세상'은 우리들에게 여러 가지 다양한 역할을 요구해 오며 그 요구(기대)에서 벗어난 때는 차가운 눈으로 본다. 예절이나 교육을 통해 그 기대를 몸에 익힌 우리들은 많은 경우, 그 기대에 따르려고 무의식적으로도 노력한다. 가족이라는, 사회에서 우선 독립한 친밀한 집단에도 역할기대는 들어가 있으며 가족의 인간관계성에 균열을 일으키는 것도 특이하지 않다. '좋은 엄마'가 되려고 하여 '정보'를 머리에 입력시켜 아이에게 무리한 요구를 한다. 또 '좋은 아빠'란 밖에서 돈을 벌어와 가족을 부양하는 사람이라는 상식아래 아버지가 가정에서의 자리를 잃어버린 것은 어느 시대의 일이었을까?

복수의 역할기대가 교착하고 갈등을 일으키는 것도 있다. 입원하면 '환자역할'이 기대된다. 환자 혹은 병든 사람이라는 이름의 약자로서 당분간은 병원에 입원하여 얌전하게 병원의 규칙이나 의사의 지시에 따르는, 요양하는 역할이 부과된다. 그러나 이것은 예를 들어 직업인으로서 많은 일을 하는, 혹은 가정인으로서 가족을 돌보는 역할에 저촉될 지도 모른다. 환자 가족의 역할이라는 것도 있다. 어린 아이가 난치병으로 입원하면 부모에게는 될 수 있으면 매일이라도 병원을 방문하는 것이 기대된다. 그런데 부모는 생활 보호대상자라서 생활비를 절약해야만해서 (검약하는 것이 사회적으로 요구된다) 병원까지의 버스요금이나 하물며 택

시요금은 낼 수 없다. 그렇게 되면 복수의 역할 기대가 갈등을 일으키게 되며 급기야 '곤란한 환자'라는 시선을 어쩔 수 없이 받아들이게 된다. 이제 부모는 환자(혹은 가족) 역할 부분을 감당하지 못하든지 전부의 역할 기대를 어떻게 해서든지 조화 시키려고 하여 '자기관계성'에 부담을 강요하거나 하게 될 것이다.

마을에서 규칙을 어긴 자들을 집단이 따돌리던 촌락공동체처럼 사회관계성이 인간관계성과 불가분의 관계에 처한 시대와 비교하면 현대의, 특히 도시에서는 '세상의 눈'을 의식하여 '부끄러운' 짓을 하는 것은 적을지 모른다. 사회관계성을 최대한 좁혀 가까운 인간관계성의 범위에서, 혹은 혼자 사는 것은 표면상은 가능하다. 그러나 니트족[01]이나 혹은 후리타[02]를 보는 세상의 눈은 텔레비전이나 인터넷을 통해서라도 그 사람을 조금씩 조금씩 자극할 것이며 그 결과 그 사람의 마음의 밸런스가 무너져 '자기관계성'에 파탄이 오고 급기야 반사회적인 행동으로 내달리는 것도 있을 수 있다.

사회관계성에서 인간의 '얼굴'을 눈으로 기억하지 못하는 것은 대단한 일도 아니다. 일본의 총리대신이 대외적, 대내적으로 일본을 대표하는 측면은 있어도 내가 텔레비전에서 보는 저 수상이 곧 일본 정부의 활동의 총체, 근원이라고도 할 수 없다. 같은 마을 내의 모임에서 친숙한 사람과 인사를 교환하는 때는 인간관계성인데 마을 모임의 일에서 다른 사람과 미팅을 할 때는 사회관계성의 차원이다.

---

01 니트족은 나라에서 정한 의무교육을 마친 뒤에도 진학이나 취직을 하지 않으면서도, 직업훈련도 받지 않는 사람을 가리키는 말로, Not currently engaged in Education, Employment or Training의 약자.

02 후리타는 영어로 freeter라 하는데 일본에서 정규직 이외의 아르바이트나 파트 타임 등으로 생계를 유지하는 사람을 지칭한다. 일본식의 조어(프리랜서와 아르바이터의 약칭)이다.

나에게 어느 정도의 개성이 있다 해도 현대 일본 사회에서 사는 한 사람의 시민으로서 다른 시민과 공통되는 몇 가지 특징을 갖고 있다. 사람과 만나서 악수하는 대신에 또 어깨를 끌어안는 것 대신에 인사를 한다. 이것이 일본 사회의 인사다(였다). 이 예의와 그에 따르는 감성을 나는 문화로서 받아들여 무의식적으로 이에 따르고 있다. 이 문화적 각인은 사회관계성의 한 단면이다.

그러나 사회는 조금씩 혹은 급격히 변하는 것이기도 하다. 조금씩 외국인 거주자가 증가하고 있다. 동일본 대지진 이후 일본 사회는 다시 돌아갈 수 없을 정도로 변했다, 변하지 않으면 안된다고 말한다. 사회학, 경제학, 역사학 등의 개별과학에 의한 방법론의 흉내는 불가능하지만 '자기변용의 철학'에 필요하다고 생각하는 각도와 범위에서 사회관계성을 다루고 싶은 것이다.

자연관계성—유혹에 넘어가는 것

여기에는 세계·우주·자연환경·자연물 등 '밖이 되는 자연'과의 교류가 생기면서 동시에 '안이 되는 자연'이라 불리는 우리들 자신이나 신체적 감수성(감정·정념·기분)의 양태도 중요해 진다. 신체나 생활의 리듬을 가지는 일이다. 안과 밖이라 나누었는데 우주적 리듬(조류의 간섭 등)과 우리들의 살아가는 리듬이 함께 연동되어 있다는 설, 우리들의 호흡 리듬이 원시의 환경이었던 파도의 흔들림과 함께 어우러져있다는 설 등도 되돌아 보기에 가치가 있다.

또한 인공물도 본래는 사회적 의미를 갖으며 사회관계성과도 연동하는데 인간이나 사회가 아닌 '사물'이며 자연물 옆에 있는 '사물'로 만날 수 있는 한 자연관계성 안에서 찾는 것이 적당하다.

그러면 특히 어떠한 관점에서 자연관계성은 빼놓을 수 없는 관계성으로서 부상해오는 것일까? 다른 인간과의 관련, 사회와의 관련이 인간의 빼놓을 수 없는 한 단면이며 그것 없이는 인간이 존재할 수 없음에도 뒤떨어지지 않고 자연은 인간에게 잠식당한다. 인간의 일부이기 때문이다. 인간은 유기체, 생물, 동물로서 자연의 일부, 일원임에 주저함이 없으며 이른바 진화에 의해 스스로의 내외를 대상화하는 능력(의식, 이성, 언어)을 획득하여 '마음'을 갖고 자연에서 튀어나온 반-자연적 존재이다. 그 증거로 현대인 이외의 어떠한 생물이 자연환경이나 생물다양성 등과 같은 추상물을 지키려고 (감상적이기까지)하는가? 무엇이 자연이며 무엇이 자연이 아닌가? 무엇이 거기의 땅에서 이전부터 있어왔던 종이며 무엇이 인위적으로 나중에 생겨난 외래종인가? 어느 것이 지켜야만 하는 자연환경인가?(눈 앞의 개체인가, 생물종인가, 그렇지 않으면 생태계 전체인가). 이러한 대답은 결코 자명하지 않으며 또한 유동적인 경우도 있어서 생각하면 할수록 인간의 대응을 복잡하게 어렵게 한다.

인간은 또한 생물이기 때문에 병에 걸린다. 병이 '걸린다'는 것은 안이 되는 자연과 관련되는 변용인데 '환자'는 의료자가 제시하는 주의사항을 지키며 회복에 노력하는 의무를 갖는 사회적 존재이기도 하다(〈사회관계성〉). 입원했을 때의 주치의나 병동의 간호사 등 개개의 의료자나 의료팀과 어떠한 관계를 쌓을 지와 같은 문제는 인간관계성의 문맥에서 볼 수 있다. 또 자신의 병을 어떻게 받아들이고 어떻게 생각하며 어떻게 치료할 것인가 하는 점에서 이것은 '자기관계성'의 문제, 즉 다음에서 살펴보는 테마가 된다.

약간 각도를 달리하여 다른 면에서 자연과 자연관계성을 보도록 하자. 프랑스 시인 폴 발레리(1871~1945)의 싯구 중에 "바람이 분다. 살아야 겠다"로 번역된 것이 있다(《해변의 묘지》). 호리 타쓰오(堀辰雄)[03]의 소설《바람이 분다》의 제목이 되었고 방문에도 걸려있다. 발레리의 원문을 직역해보면 "바람이 분다! … 살아보지 않으면!"이 된다. 한 번 읽으면 이해가 되지 않는다. 특히 '바람이 분다!'와 '살아보지 않으면!' 과의 논리적인 연결은 일체 설명되어 있지 않다. 거기에 바로 그러나 이 싯구의 매력이 숨어 있다.[03]

이렇게 생각해보면 어떨지. 자연은 인간적인 '의미'를 끊은 것이다. '바람이 분다'는 것은 누구의 의지도 아니며 거기에는 원래 어떠한 의미도 없다. 그러한 것과 관계없이 바람은 스스로 일어나며 스스로 잦아든다. 뒤집어 생각해보면 우리들이 무엇인가를 하려고 하는 의지에도 마찬가지로 어떠한 근거도, '의미'도 없지 않은가—물론 우리들은 그 때마다 논리를 만들어 자신과 타인을 납득시키려고 하겠지만. 이것은 특히 '삶'이라는 근원적인 의지를 보면 분명해진다. 사는 일은 즉 결국 어떠한 '의미'가 있는가? 살고자 하는 의욕을 잃어버린 사람을 삶으로 이어주는 어떠한 논리(이해)가 있는가? 최종적으로는 없다고 본다.

살고자 하는 의지는 바람처럼 갑자기 생긴다. 사는 일도 죽는 일도 자연의 한 부분이며 '의미'는 나중에 붙인 것에 불과하다. 발레리의 싯구는 삶의 그 '자연'함과 '무-의미'함을 간결한 문학 표현으로, 라고 말하는 것은 의미 쪽에서 점령했으니까 의미 없다는 쪽으로 파고들어 미혹하는 것은 아닌가? 거기에는 자연의 일부이면서 자연에서 내쫓긴 인간이 자연에 대해서 생기는 자연관계성과 의미관계성과의 경쟁이 있다. 그리고 호리 타쓰오가 〈바람이 분다〉를 제목으로 하여 생과 사랑의 의미를 묻는 소설을 쓰고 타치하라 미치조(立原道造)[04]라는 때마침 바람을

---

03 호리 타쓰오(1904~1953). 일본의 소설가로 그때까지의 사소설적인 일본 소설계에 의식적으로 픽션에 의한 이야기로서의 로망이라는 문학형식을 확립한 작가로 유명하다. 프랑스 문학의 심리주의를 적극적으로 수용하여 일본의 고전을 주제로 한 독자적인 문학세계를 창조했다.
04 타찌하라 미치조(1914~1939). 시인이며 건축가로 24세에 요절했다.

노래한 시인이 소설《바람이 분다》와 대화한 동명의 평론을 쓸 때 발레리가 표현한 '바람'은 하중이 무거운 의미관계성에 포위된다.

　마지막으로 사물, 그것도 인공물을 매개로 한 자연관계성에 대해 말하고 싶다. 예를 들어 꽃처럼 자연물이 자연관계성을 갖는다는 것은 우리들에게는 이상할 뿐이다. 그러나 인간의 사회나 문화에서 꽃에게 어떤 역할이 부여되면 그것을 자연관계성이라 부를 수 있는지는 미묘하다. 우리들은 벚꽃을 아름다운 것, 사랑스러운 대상이라 생각한다. 우리들은 꽃잎이 바람에 흩날리며 지는 것을 풍정(風情)이라는 감정으로 바라본다. 그것을 벚꽃의 꿀을 빨아먹기 위해서인지 새가 쪼아서 꽃이 핀 모양 그대로 뚝하고 지면에 떨어트려 버리면 뭔가 쓸쓸하고 유쾌하지 않은 기분이 든다. 그렇지만 그것이 새에게는 자연관계성이다. 벚꽃을 보는 대상에만 한정해버리는 것은 문화적으로 제약당한 자연이라고는 할 수 없는 자연관계성이다. 자연물보다도 우수한 인공물은 처음부터 역할과 기능이 부여되어 있다. 우산은 비를 피하기 위하여 있다. 그것도 우리들은 특히 아이 시절에 우산을 흔들며 검도를 하거나 비 때문에 부드러워진 지면에 우산으로 글자를 쓰거나 하는 것처럼 기능이외의 부분에 우산을 사용한다. 그것은 우산이라는 것의 특징을 그 나름대로 활용한 자연관계성이다. 시계도 마찬가지이다. 단지 시간만을 알기 위해서라면 디지털이 좋은지 아날로그가 좋은지 서로 힘주어 말싸움할 필요가 없는데도 시계라는 물건의 그 울림은 우리들 내부 깊은 곳에서 아마도 '안이 되는 자연'에 호소하는 무엇인가를 갖고 있다. 그 매력에 우리들이 호응할 수 있는 한 문명은 건재할 수 있다.

자기관계성—솔직한 발견
　몇 번이나 강조한 것처럼 인간뿐이 아니라 어떠한 생명체에도 '자기'

는 있으며 자연물·인공물·조직이나 제도조차도 '자기'의 관점에서 보기에 충분하다. 따라서 그러한 것에 대하여는 전부 자기변용을 말할 수 있다.

다시 말하면 모든 존재는 어떠한 형태로든지 자기와의 관계를 갖는데 (자기관계) 인간은 어디에서도 찾아볼 수 없는 특별한 형태로 자기관계를 한다. 인공지능의 자기관계의 가능성을 떠올려보면 그 차이는 분명해진다. 영화 〈터미네이터〉의 주인공 로봇 등은 자신의 상태를 자기 진단하고 자기 회복 가능한 능력을 갖는데 그것은 훌륭한 자기관계성의 표출이기는 하다. 그러나 이것도 사전에 프로그램된 능력이며 프로그램의 범위에서 나오는 '변용'에 지나지 않는다. 이에 비해 인간은 새로운 상황에 직면하여 자신의 행동 패턴, 자신의 역할 그 자체, 혹은 자신의 존재 그 자체에 대해서도 반성하면서 새로운 의미를 창출할 수 있다. 인간은 의지적으로 자기 관계를 한다(다음의 〈의미관계성〉 참조). 그 변용에 많은 경우 감정, 정념이 따르는 것은 당연하다(따라서 예를 들어 자신의 신체를 닦는 것도 일종의 자기관계성이라고 말할 수 없는 것도 아니다. 여기에서는 일단 제외한다).

그러한 자기관계에 언어라는 것이 어느 정도나 기여하고 있을까, 우리들은(익숙해져있기 때문에) 거의 의식하지 못하고 있다. 추상적인 언어라는 것이 없으면-예를 들어 '억울하다'라는 말이 없다면 그 가슴에 소용돌이치면서 끓어오르는 것을 표현할 수 없으며, '좋아한다'라는 말의 도움을 받지 않으면 어떤 사람과의 관계를 자기 나름대로 정리하여 다음의 행동으로 옮기는 것도 어렵다. 자신 내부의 감각, 기분을 표현하는 수단이 있기 때문에 비로소 내부의 것은 외부로 투사되고 바깥 세계의 상으로 활동한다. 그리스 신화의 영웅들은 '안으로의 반성'(내성)이라는 것을 모른다. 그들의 희로애락은 신들이 불어넣어준 감정이며 그들은 그러한 의미에서 신들이 조정하는 인형이지만 우리들은 다르다.

그러면 여기서 서론에서 언급한 루소의 '자존심'과 '자기애', 혹은《노자》의 '자귀(自貴)'(스스로 귀하게 여기는 것)와 '자애'[05]의 구별을 떠올려 보자. 루소에 의하면 우리들은 태어나면서 자신을 중요하게 여긴다(자기애). 이것은 이기심이 아니다. 오히려 자기애라는 기본적인 정념이 있기 때문에 거기에서 출발하여 가까운 사람들에 대한 사랑을 파생시키는 것도 가능하다. 그렇지만 자연인이기 때문에 이 자기애도 자라나는 것이다. 하지만 문명사회에 사는 '사회인'은 솔직하게 자신을 보는(자신과 관계하는)것이 아니라 자신을 곧 다른 인간과 비교하여 자신의 가치를 판단한다(그래서 자존심이 생긴다). '사회인'은 타인이 자신을 보는 눈을 통하지 않으면 자신이라는 것을 볼 수 없다. 다시 말하면 이 책에서 말하는 〈인간관계성〉(타인과의 관계)을 통해서만이 〈자기관계성〉이 성립한다.

루소나 노자를 언급하지 않아도 알겠지만 정말로 솔직하게 자기 자신과 마주서는 것은 어려운 일로 그것이 가능한 것은 일종의 재능이라 해도 좋다. 아니 노력도 필요하다. 동물에게 본능이 있는 것처럼 어떤 사람이라도 원래는 자신을 소중하게 여기는 마음을 갖고 있는데 거기에 타인의 눈과 평가가 들어오기 때문에 자신을 과장되게 평가하거나 반대로 비하하여 자포자기에 빠지거나 한다. 자기 자신과 타협하여 좋게 지내는 것은 인생의 가장 중요한 일이라고 할 수 있다.

시인인 릴케(1875~1926)는 소설《마르테의 수기》에서 "나는 보는 것

---

05 '자귀'와 '자애'는《노자》 72장의 "이러한 이유로 성인은 스스로 알지만 스스로 드러내지 않고 스스로 아끼지만 스스로 귀하게 여기지 않는다. 그러므로 저것을 버리고 이것을 취한다(是以聖人自知不自見, 自愛不自貴, 故去彼取此)에 전거를 갖는다..

을 배운다...나에게는 내가 몰랐던 내부가 있다"고 쓰고 있다. 대도시 파리에 가서 '죽음'에 둘러싸인 청년 주인공의 말이다. 내가 몰랐던 내부.

사람은 죽음에 임하여 그때까지 쌓아온 사회적 역할을 잊어버린 순간 솔직한 자신으로 돌아갈 찬스가 늘어날 것이다. 말기 환자에 대한 케어에 스피릿츄얼 케어(Spiritual care)라는 것이 있다. 이 말은 쉬운 일본어로 바꾸기 어렵다. 스피릿트는 영이나 혼을 말하며 그러한 것은 믿지 않는다는 무신론자도 있다. 그러나 여기서 중요한 것은 혼이 실재하며 그리고 사후도 존속한다는 종교적 신앙을 인정하는지 등이 아니라 태어나서 이 몸에 익혀온 수많은 외적 장식을 벗어버린 자신이라는 것으로 다시 말하면 자기관계성의 문제라 생각한다. 죽음으로 가는 사람이 올바른 자기관계성으로 돌아가도록 돕는 것, 그것이 스피릿츄얼 케어의 진정한 의미가 아닐까?(덧붙인다면 태어나서 죽을 때 까지가 '나'이다. 또 생과 죽음이 유기체로서의 개인에게 일어나는 일이라면 죽음이란 대체적으로 사회에 의미를 빼앗겨 불투명하게 되어 버리기 쉬운 인간의 자연관계성을 최종적으로는 분명하게 다만 본인에게는 더 이상 목격도 반추도 할 수 없는 방법으로 돌아가는 순간일 것이다).

참된 자신, 솔직한 자신이 정말 있는 것일까? 올바른 자기관계성과 같은 것은 있을까? 그러한 의심을 갖는 사람이 있을지도 모른다. 그것은 철학적으로 센스가 좋은, 아주 좋은 의문이지만 여기에는 해당인에게 있어서 일종의 원근법이라고 할지, 이야기성이 어쩔 수 없이 관계한다는 정도로 대답해두고 다음의 〈의미관계성〉으로 들어가 보자.

의미관계성-야생과 규율

이제 변용에 관계되는 다섯 가지 관계성의 마지막에 도달했다. 의미관계성이다. 자연관계성에서 자연은 인간적 '의미'를 단절한 것이라고 말했다. 한편 자연에 간섭하려는 인간은 '의미'를 떠나고 싶지 않는 존재인데 거기에서 갈등이 생긴다. 인간이 자연이나 타자, 사회를 '의미'있는 것으로 부여하여 자신에게 납득이 되도록 하는 한 그것은 자연이나 타자, 사회를 자신에 관계시키고 자신에게 회수하는 것이 되지 않겠는가? 인간관계성, 사회관계성, 자연관계성은 결국 (자신에게 있어서의) 의미관계성으로 환원되어 버리는 것은 아닐까? 대답은 예스이며 동시에 노이다.

예스, 즉 확실히 그러한 관계성은 의미관계성으로 환원되는 경향이 있다는 이유는 분명할 것이다. 그렇다고 하여 그러한 관계성에 '의미'를 머금은 요소나 움직임이 내포되어 있다는 것도 지금까지 몇 번이나 시사해왔다.

의미는 언어와 사고(혹은 지성)에 기초한다. 이것은 설명이 필요없다. 그런데 사고란 어떠한 성격을 갖는 것일까? '합리적' 사고라면 그것은 규칙성과 질서, 규율을 갖고 있다. 예를 들어 수학의 정리를 증명할 때 그 분야에 적합한 규칙성에 따라 순서를 세워 사고를 진행시켜 가지 않으면 안되며, 이것은 다른 학문에서도 마찬가지이다. 학문처럼 엄밀한 체계를 세운 의미 분야가 아니라 예를 들어 비즈니스 분야에서도 합리적 사고는 필요하며 나아가 일상적인 장면에서도 '합리성'의 의미가 다소 다르다 해도 기본적으로 같은 요청이 있다.

그렇지만 그러한 합리적으로 규제된 사고는 실은 우리들의 심적 활동에서 극히 일부를 차지하는 것에 불과하다. 사고를 사념, 혹은 상념이라 바꿔서 보면 잘 보인다. 원래 우리들의 뇌리를 왕래하는 사념은 잡다하여 거품처럼 제멋대로이며 체계가 결여되어 있다. 유아의 사고에 만약 어떠한 초점화가 생긴다고 한다면 그것은 눈앞에 있는 사물이나 지금 발생한 사태에 이끌린 비교적 단순한 인상이나 상념들이 대량으로 생각을 점거하고 있기 때문이며 그것은 (합리적) 사고라 부르기에는 어울리지 않는다. 즉 그러한 상념은 '내'가 제어할 수 없는 우발성이라는 점에서 기분이나 정념과 마찬가지로 '내부가 되는 자연'에 속한다.

가정이나 학교, 직장에서 교육을 받고 규율을 부여받게 됨으로써 또 친구와의 교제나 혼자만의 독서 등을 통해 사고는 테마나 과제에 집중하여 합리적, 합목적적으로 움직이기 시작한다. 추상적 사고도 점차 발달하여 '지금 여기'를 벗어난 의미의 복잡한 관계성 안에 나를 끌어 넣는다. 자신의 사고에 목표를 줄 수 있으며 생각하고 싶을 때 생각하고 싶은 것을 생각할 수 있도록 하게 된다. 사고가 발달하여 '사상'이 된다. 지금 이 원고를 쓰고 있는 나 자신이지만 책상 앞에서 앉아 컴퓨터를 켜면 '자기변용'이라는 테마에 입각한 '사상'이 자연스럽게 생겨나는 것을 기대한다. 오래된 습관의 결과이다. 무엇인가를 찾아다니며 생겨난 논리적 사고, 즉 '사색'이라는 것도 철학에 연관되어 있는 사람에게는 당연한 것이다.

단지 자연적인 사고(사념, 상념)가 어른이 되면 완전히 모습을 감추고 무익한 것이 되는가 하면 조금은 다를 것이다. 어른에게도 놀이, 여유가 필요하다. 풍부한 착상을 갖는 창조적인 인물이야말로 정형적, 루틴(routine)적 사고의 함정을 피하고 합리성을 어느 층위에서는 초월하면서 합리성을 지탱해주는 자연적인 지향을 남기고 있는 사람이다. 고도한 조화를 가진 자연관계성이 유기적인 의미관계성의 전개를 돕는다.

사고의 규율을 추진하고 사고를 명확히 하는 것은 언어의 운동이다. 의미는 사고와 언어를 경유하여 발생하며 변하고 결합된다. 개인은 밖에서(사회나 커뮤니티에서) 언어를 받아들여 언어 우주 안에 사는 것에 익숙해지고 자기 나름대로 설정을 변형시켜(customize) 언어를 사용하는데 언어가 사고(사념)와, 또 신체나 사물(자연관계성)과 적절하게 조화되지 못하는 경우도 있으며 그러할 때에는 의미관계성이(자기관계성도) 혼란해진다. 그런데 이것 보다는 언어가 밖에서 주어진 이른바 영원한 이 물질인 이상 이해와 표현의 영위는 항상 경계선에서 다시 수정할 필요가 있다. 그것을 실행하는 선택받은(스스로 이방인)존재가 아이와 시인이 아닐까?

그러나 보통의 어른이라도 특정한 언어나 음절을 크게 발성하거나 늘이거나 하여 발음하거나 언어 유희를 하기도 하며 은어를 사용한다거나 혹은 관용구를 오용하는 것으로 의미관계성에 독자적인 요철이나 음형을 준다. 젊은이들이 사용하는 언어에도 그러한 일면은 있다. '안절부절 한다'가 아니라 '쫄고 있다' 라고 한다. 금방 '분노하는' 사람도 많은데 자신의 내부에 생겨난 화를 자신이 제어하여 '안절부절 한다'가 아니라 '쫄았어!' 라고 하여 짧게 말해버리는 사람도 있다. 이것은 신체성, '안이 되는 자연'의 문제와 연동되어 있다. 철학자 비트켄슈타인이 문제시한 '사적 언어', 즉 언어의 일반적 사용법에서 벗어난 자신에만 관련되는 언어나 기호 등은 비트켄슈타인이 말하는 언어 게임의 관점에서는 반칙일지도 모르지만 자기관계성을 형성하여 정리해 가는데는 일정한 역할을 수행하고 있는 것이며 그것을 통해 의미관계성에도 기여한다. 그렇다고 나는 평가한다. 혼잣말이나 일기를 쓰는 것도 이러한 점으로 연결되는 흥미깊은 일종의 사건이다.

언어 이외의 의미 형식도 잊어서는 안된다. 이 문제와 관련하여 금방 떠오르는 것은 비언어 예술, 특히 음악이다. 음악은 물론 언어 이상으로 자연관계성과의 연결이 깊다. 그러나 사람이 어린 새처럼 노래할 수 있을지 거의 불가능하다. 학교에서 음계를 배우고 음악 산업으로 악곡을 제공받아 인쇄되고 노래방에서 '좋아하는 노래'를 선택하여 노래한다. 그렇지만 그것은 정말로 자기가 부르고 싶은 음악일까? 내 속에서 분출하는 리듬이나 정감을 잘 탈 수 있는 악기일까?(의미관계성과 자연관계성과의 유리?). 나는 죽을 때 귀를 귀울이고 싶은 것이 베토벤의 전원교향곡인데 그것도 전원 그 자체의 소리(새끼 새의 지저귀는 소리, 작은 시내의 흐르는 냇물, 나뭇가지를 흔드는 바람소리)일까?

그렇게 말하면서도 표현에서는 자연은 인간의 조력을 바랄 수밖에 없다. 베토벤과 같은 음악가의 작업이 없다면 인간은 단지 금수의 울음소리와 오십보백보 정도밖에는 안된다. 자연을 찬양하는 것도 하나의 문화일 것이다. 아무리 인위적인 형식은 싫다, 자연 그 자체가 좋다고 해도 새의 이름을 몰랐다면 지저귀는 소리를 듣는 묘미는 반감한다. 인간적 의미가 더해지지 않는다면 자연관계성은 이른바 완결되지 않는다. 존 케이지가 음악에 우연성과 침묵을 도입하여 음악이 일체 없는 '4분 33초'를 음악작품으로 발표했을 때에도 '바탕'으로서의 서양음악적 전통과 수법이 배경에 있지 않았다면 그 '기호'는 '의미'를 갖지 못했을 것이다. 우연성의 예술과는 본질적으로 자기 모순이라 생각하는데 그 접점을 시도하는 것이 창작자의 작업일지도 모른다. 의미의 극북(極北).

개인 자신이 만들어내는 것이 아니라 사회에서 부여된 의미의 형식은 언어나 음악 이외에도 문화적 전통(풍물, 행사, 도덕, 학술), 요리(가족 단란, 향응), 행위(머리를 흔들면 부정이나 거부의 표시) 등 무수히 많다.

몇 번이나 말한 것처럼 자연 안에서 돌출한 존재인 인간은 인간관계성이나 사회관계성, 나아가(잊어서는 안되는데) 자기관계성에도 교육받으면서 각종 사람들의 의미관계성을 만들어간다. 언어나 문화적 전통 등은 사회나 커뮤니티에서 주어진다고 해도 언어 사용을 훈련하고 습숙해가는 장은 가정, 학교 등에서 가까운 사람들과의 인간관계이며 커뮤니케이션이라는 형식을 취한다. 인간관계성의 대부분은 의미에 기초하여 의미를 교환하는 관계성이며 의미관계성은 많든 적든 간에 인간의 관계성과 연결되어 있다.

그런데 의미는 그 차원에 머무는 것이 아니라 인간관계성에서도, 나아가서는 사회관계성에서도 이륙하여 의미가 의미를 부르고 독립한 수직적인 관념과 가치의 숲을 형성하는 것이 있다. 의미가 돌출하는 것이다. 장엄한 낙조의 광경을 반복해서 보는 것이 서방 정토의 관념과 연결된다. 신이나 학문이나 예술이나 헤겔이 '절대정신'이라 부르고 주관적 정신(의식이나 이성)에서도 객관적 정신(사회나 국가)에서도 구별한 것도 여기에 해당된다. 인간의 사랑을 원형에 '신의 사랑'이 천상에 투영되어 그 사랑이 인간을 이끌고 사회를 정리하는 것이라 간주한다. 신의 사랑을 찬양하는 문학이나 음악, 철학이 발달하고 그러한 것을 교의나 의식에 집어넣은 종교 조직이 설립되고 신의 사랑을 넓히는 사명을 띠는(더욱 준-종교적인 망상이 소년 A에게 보이는 것처럼 살인 등의 반사회적 행동을 눈감아 주는 경우도 있다). 즉 의미관계성이 어느 지배적인 강도에 달했을 때 인간관계성이나 사회관계성을 좌우하고 리드하는 것이다.

관념이 이렇게 사람과 조직을 움직인다-이것도 인간이 의미의 동물이기 때문에 생기는 것인데 바탕이 동물이면서 관념의 형식이나 체계가 어느 정도 정치, 교묘하며 아니 거기에서 반동이 자라나는 경우도 있다. 사람의 손을 거치지 않은 직접성, 즉 사물과 자연의 세계에 격세유전하고 싶은 생각도 있다. 신과 일체화의 욕구를 바라면 바랄수록 다른(인간의 유한성을 주창한다) 종교적 교의 그 자체가 그 일체화를 제약하고 저지한다는 역설이 생기며 오히려 일체화에 고집하는 자신을 버리고 무-의미로 돌아서는 것, 그것이 종교적 의미관계성에 새로운 국면을 열어주는 것이 된다.

제2절 관계성이 만들어 내는 이야기

다섯 가지의 관계성에 대해 설명했기 때문에 이어 이것을 문학이나 인생의 구체적인 예시를 통해 제시하고 싶다. 살아가는 이유는 여러 가지로 표현되며 토로하고 때로는 미로에 빠진다. 당사자는 거의 눈치 채지 못하는데 거기에 다섯 가지의 관계성이 복잡하게 문양을 이루고 있다. 청년의 울굴과 단가로의 승화, 여성의 임신과 출산에 따르는 당혹과 도전, 소년 범죄의 늪과 거기에서의 탈출, 이러한 이야기를 순서대로 보고 싶은 것이다. 이시가와 다쿠보쿠의 노래부터 시작해보자.

문학의 사례-《한줌의 모래》

다쿠보쿠의 노래집 《한줌의 모래》에

친구가 모두 나 보다 더 위대하게 보이던 날,
꽃을 사서
아내와 즐긴다

라는 노래가 있다. 출세 못하는 자신과 비교하여 출세하여 활약하고 있는 친구들. 자신을 비참하게 느낀 그 날, 다쿠보쿠는 꽃을 사가지고 와서 그것을 부인과 감상하는 것으로 자신의 기분을 위로하려고 했다. 그리고 그러한 일 혹은 상상을 노래로 표현했다. 그 정도의 소소한 사실 또는 착상이었는데 여기에는 다섯 가지의 관계성 모두가 들어있다. 어느 요소가 어떤 관계성에 해당되는지, 독자 여러분은 알 수 있는가?

이 시의 배경이 되는 당시의 입신 출세 사회에 먼저 눈을 돌려 보자. "결국은 박사나 관료나"라고 세상은 칭찬한다. 그 냉엄한 사회관계성의 요구에서 다쿠보쿠는 스스로를 낙오자, 패배자라 느껴 사회로부터 잠시 눈을 숨기고는 꽃이라는 아름답고 해맑은 것을 구입하는 일(자연관계성), 그리고 또 하나는 자신만의 장소인 집에서 사랑하는 아내와 함께 그 꽃을 사랑스럽게 보는 일(인간관계성에 따라 강화된 의미관계성)로 도피한다. 그 한때는 틀림없이 다쿠보쿠를 치유하고 사회관계성으로 재도전할 기력과 자신감을 회복시켰을 것이다(자기관계성). 그 저절로 웃음이 나면서도 아픈 한 장면을 단가로 만든 일, 그것도 또 예술로서의 의미관계성에 속한다. 이러한 다섯 가지의 관계성이 나뭇잎 줄기처럼 달리면서 다쿠보쿠의 변용(친구와의 비교와 상심)과 그에 따르는 역변용(꽃과 부인에 의한 치유)이 연속된 이야기로 발생한다.

《한줌의 모래》라는 노래집에는 위의 노래 옆에 생활자의 혼의 울부짖음인 노래가 나란히 있으며 각각 인상 깊다. 서둘러서 자기변용의 테마와 관련시켜 보자.

> 기쁜 마음으로
> 나를 일하게 하는 천직이 있다면
> 그것을 이루고 죽고 싶다.

출판 경쟁 와중에 자신의 순수한 '운동' 의욕을 강조한다. 단지 그 노동관은 노동하고 있는 자신에의 감상적인 자애, 혹은 애상함에 침투되는데 예를 들어 다음과 같은 노래를 낳는다.

> 봄비는 전차의 한쪽 구석에

몸을 웅크린다.

어제 저녁도 어제 저녁도, 나의 건강함을 사랑한다.

만원 전차의 통근은 다쿠보쿠의 시대부터 대도시의 일상적인 고행이었다. 그 가운데 '웅크린' 자신을 그는 '사랑스러움'으로 응시한다. 이 자기관계는 루소의 자기애와 자존심의 구별과 억지로 비교한다면(자본주의적 사회성에 의해 상처받은) 자존심에 확실히 가깝다. 다른 한편으로 그러나 루소가 말하는 단순한 자존심(이기심)밖에 자라나지 않은 자본주의적 사회관계성과 그것을 배경으로 한 인간관계성의 독을 다쿠보쿠는 제대로 자각을 하고 있으며

편한 마음으로

사람을 칭찬해주고 싶어지지만

이기심에 싫증난 외로움

이라고도 내뱉고 있다. 사회나 타인에게 압박되어 자기방어와 울분의 갑옷을 입고 있는 자신을 가끔씩은 해방시키고 기분 좋게 타인을 칭찬하고 싶은 것이다. 이처럼 문학적인 형식으로 자기관계성을 표출하고 있다.

그의 마음의 내압은 높아서 보다 위험한 영역에 다가서는 경우가 있다.

사랑하는 개의 귀를 잘라버렸다.

아아! 바보같은 짓을 해버린 것은

무언가 하고 싶은 마음이 없어진 탓일까?

기르고 있던 개에게 다쿠보쿠가 실제로 칼을 들이대었는지는 잘 모른다. 하지만 여기에 표현되어 있는 가까운 존재를 향한 폭력적 행동성은 우리들의 가슴을 울릴 수 밖에 없다. 왜 애견에게? 그러면 사랑하는 아내에게는? "꽃을 사가지고 와서" 함께 그것을 감상했을 아내에게 도대체 다쿠보쿠는 어떠한 마음을 가지고 대했던 것일까? 그의 《로마자 일기》에서 그가 적어도 충실한 남편은 아니었다는 것은 분명하다. 폭력성에 대해 더욱 깊이 들어가 묻는다면 금방 우리들이 검토하는 소년 A와 아주 가까운 심성이나 행동을 여기에서는 엿볼 수 있게 된다. 남아의 머리를 잘라 교문에 둔 소년 A는 그 사건 전에 고양이 같은 동물을 이른바 시험삼아 칼로 잘랐다. 굴절된 '사물에 싫증난' 마음이 양자의 공통되었던 것은 아닐까? 좀 더 세세한 부분에서는 "애견의 귀를 잘라 본다"거나 그 전에 들었던 노래의 "사람을 칭찬하고 싶어진다"거나 하는, 다쿠보쿠의 실험적인 마음의 흔들림이 언짢다.

그 흔들림에 협박당하는 위험한 경계에서 다쿠보쿠의 순진한 건강(자연관계성)은 서있다.

> 너그러운 마음이 생기니
> 걷는데도
> 배에 힘이 가득차는 것과 같구나!

'너그러운' 즉 유연하고 너그러운 정신이 '온다'. 이것은 자연관계성의 우발성을 말하는 것이다. 그는 '너그러운 마음'을 갖고 싶은데 자신이 주문하여 그렇게 되는 것은 불가능하다. 그것을 불러들이는 어떤 수련이나 수양, 심리학과 같은 것은 존재하겠지만 다쿠보쿠에게는 아마 관심이 없었을 것이다. 아무튼 '너그러운 마음'은 근원적인 안정된 자기관계성을 보여준다.

　자연관계성을 그것도 '내부가 되는 자연'이 아니라 사물이 얽힌 자연관계성을 다음의 노래는 보여주고 있다.

　　　어느 날의 일이다.
　　　방의 창호지를 다시 바른다.
　　　그날은 그것으로 마음이 안정된다.

　오늘은 문창호지를 다시 발랐다. 그것 만으로 오늘만은 기분이 좋았다. 그러한 일기의 한 구절을 그대로 단가로 전용한 듯한 음율의 노래이다. 문창호지를 다시 바르고 그다지 대수롭지 않은 그러한 아주 작은 일로 좋은 기분 전환(좋은 자기변용)이 이루어졌다. 그러면 정신 위생을 위해 매일 문창호지 바르는 일을 할 것인가? 가계에 그 여유는 없을 것 같고 동일한 일을 매일 반복해서는 같은 효과를 낼 수 있을지, 일이나 혹은 짐이 되어 버린다. 좋은 자연관계성은 가깝고도 멀다.

　이상 다쿠보쿠의 노래는 전부 《한줌의 모래》에서 인용했다. 이 노래집의 서두부는 〈나를 사랑하는 노래〉라는 표제로 정리되어 있다. 너무나 넉살좋은 자기애라고 자부할 것이다. 그 주인은 27세의 빈궁한 삶으로 생을 마감했다.

엄마가 되는 사례-안(內)이 되는 다른 사람과의 교섭

　배가 아파본 경험은-남성인 나에게-없지만 회임과 출산의 테마를 통해 거기서 변용의 관계성이 어떻게 중첩되어 있는지를 살펴보고 싶다. 임신한다는 것은 일생가운데서는 특수한, 그러나 인간이며 여성으로서는 근원적인 자연관계성을 의미한다. 임신한 여성은 그러한 특수한 형태로 10개월 동안 자신의 심신(불러오는 배, 입덧, 유산의 공포)과 싸우면서 밸런스를 유지하지 않으면 안된다(자기관계성). 또 배안에 점점 존재감을 더해가는 아이와 대화하며 배우자나 부모, 주위의 도움을 받으면서(인간관계성) 산부인과에서 일정한 보살핌을 받고 전철에서는 자리를 양보받는 등 임신에 대한 사회의 기대나 시선을 느낀다(사회관계성). 반대로 아이도 생기지 않고 생식 능력이 없다고 판단되는 여성은 이전의 사회에서는 부인으로서의 입장을 박탈당하여 이혼당하는 것도 있었다. 엄마가 되는 것은 주위나 사회를 둘러싼 여성의 커다란 드라마이다.

그런데 자신의 피를 이어받은 아이를 갖고 싶다, 자연스러운 임신이 곤란하다면 생식보조의료(체외수정 등)의 도움을 받아서라도 아이를 갖고 싶다는 생각을 가진 커플이 적지 않다. 그러나 생식보조의료는 금전적으로도 육체적으로도 부담이 크기 때문에 임신이 잘 안되는 경우 '아이를 낳을 수 없다는' 것을 인정하여 생식보조의료에 도움을 언제 청할지는 괴로운 결단이 된다. 그 정도로 어떤 사람들에게는 '혈연으로 연결된 아이를 갖는 일'은 집착의 대상이 되며 독자의 가치, 다른 말로 한다면 강한 의미관계성의 성격을 갖는다. 다른 한편에서는 거기까지 자신의 '핏줄'에 집착하는 것은 현명하지 않다, 아이를 원한다면 양자를 들이면 되지 않는가라고 생각하는 사람도 적지 않다. 가족은 자연관계성(혈연)과 사회관계성(사회통합의 한 요소)과의 사이에 있다.

임신, 출산으로 다시 돌아가 보자. 임신하면 자동적으로 엄마의 자각을 갖는가하면 그렇게 간단하지 않다. '엄마의 사랑'이 이른바 본능이 아니라는 증거에 동물중에는 무언가 착각하여 다른 종의 동물을 자신의 아이로 기르는 경우도 있다면 낳은 아이를 학대하거나 잡아먹기도 한다는 것이 있다. 의미의 동물인 인간의 엄마라면 임신과 출산이 주는 고통에 위화감과 불만을 가져도 이상하지 않다. 임신, 출산의 과정은 본질적으로 일회적이며 가령 몇 번의 출산이라도 진통이 찾아오는 순간 "아! 이러한 고통이었구나" 하고 여성은 잊고 있던 것이 다시 생각난다고 한다. '힘을 내'라고 태아에게 말하면서 공동으로 분만의 위기를 넘기는 엄마도 있다면, 자신을 고통스럽게 만드는 '다른 사람'을 허락할 수 없어서 태어나서도 아이가 귀엽다고 느끼지 않고 차갑게 대하는 엄마도 있다. 후자는 아이와의 인간관계성을 쌓는데 고통스러워할 뿐만 아니라 자신은 엄마로서 실격인지 의문을 안고는 불안정한 자기관계성을 강요한다. 의미의 동물인 인간이 그렇게 수고로운 접촉을 초월하려고 발명한 신화(의미관계성)가 '엄마의 사랑'이 아닐까?

소년 A의 사례-변용과 역변용

어른은 장난감이라는 물건에도 일정한 교육적 기능이나 목적을 부여하는데 반해 유아는 그러한 어른들의 생각을 대부분은 무시하고 깨물거나 끌어당기거나 휘돌리거나 하면서 그때마다 생각나는 대로 다룬다. 어른의 생각은 조직적인데(사회관계성, 의미관계성) 아이의 생각나는 대로 행동하는 것은 그때마다의 만남에서 생겨난다(자연관계성, 인간관계성). 하지만 아이는 드디어 단순히 취급·파괴하기만 하는 것이 아니라 어른의 안색을 살피면서 파괴하는 것을 즐기게 된다. 사회에 분명하게 의사표시를 하는 행위는 이미 사회관계성의 일종으로 반-사회적 행위라고도 할 수 있다.

일본의 소년사법의 역사를 바꾸었다고 하는 고베 소년연속살상사건 (1997년)도 그 일면에서는 지금 말한 것처럼 파괴성이 한계를 넘어 명확한 반사회성을 띠기에 이른 것이라 해석된다. 소년 A의 처우를 결정한 판사, 이가키 야스히로(井垣康弘)의 《소년재판관의 소리》를 바탕으로 몇 가지 포인트를 발췌하여 본다. 이 책과 이 사건에는 '악'으로의 자기변

용, '악'에서의 갱생, 재생으로서의 자기변용, 나아가 자기변용에의 원조
등 자기변용론에 관계된 몇 가지의 기본적인 논점이 포함되어 있다.

소년 A의 동기는 검사 조서에 기록된 그가 한 말에 따르면 다음의 논
점으로 귀결된다. 초등학교 당시 중요한 존재였던 할머니가 돌아가셨다.
'죽음'이란 무엇인가 하는 의문을 해결하기 위해 괄태충(복족류 민달팽잇
과에 속한 연체동)이나 개구리, 고양이를 죽이거나 했는데 중학교에 들어
가던 무렵에는 인간의 죽음에 흥미를 가졌다. 인간은 어떻게 하면 죽는
것일까, 어떠한 상태로 죽은 것일까, 죽일 때는 어떠한 기분이 드는 것
일까? 그는 그러한 것을 머릿속으로 그리면서 '망상'에 이르게 되었다고
한다. 이 책을 읽고는 '죽음이란 무엇인가'하는 철학적인 물음이 이 사
건의 동기가 아닌가 하고 머리를 갸우뚱하는 사람도 있다. 살해당시 14
살이라는 소년의 나이에서 의문이 생기는 것은 당연하지만 막다른 길로
내몰려서 고립된 인간이 마음속으로 어떠한 독특한 의미의 농축된 행위
를 하는지는(의미관계성을 갖는다) 통상의 예상을 초월한다. 현재 이 소년
이 신문사에 보낸 미움이 가득 담긴 낙서, 도전적인 성명문을 읽은 독자
의 누가 이것을 중학생의 글이라고 추리할 수 있을까?

소년 A는 인체를 파괴했는데 그것은 단지 장난감처럼 취급한 것은 아
니다. 인간관계성(부모의 보살핌을 제대로 받지 못했다는 가정문제, 죽은 할
머니에 대한 추모)이 생겨나고 의미관계성(인간의 나약함이나 죽음에 대한
인식관심)이 높아지며 자연관계성(고양이등 살아있는 것으로 인간 살상 준비
를 시행한 일)과 뭉쳐진 것이 특수한 자기관계성으로 응고해 간다.

소년은 자신을 중병이라고 느꼈다. 이때까지의 자신의 인생은 무가치
했으며 이후에도 그러할 것이다. 그 전망없는 장래가 약육강식적인 세
계관으로 연결된다. 인간은 육식 동물이며 자신들 이외의 동물을 죽이
고 먹을뿐 아니라 서로 양육강식의 관계에 있지 않은가? 자신은 약한 자

를 죽이는데 그 자신은 또다시 강한 자(국가)에게 죽임을 당하는 것으로 서로 맞선다. 그렇게 생각하게 되었다고 한다. 여기서 "....생각하게 되었다"라는 것은 하나의 혹은 성장의 프로세스를 시사한다. 결과적으로는 연속살상사건으로 이끈 이 프로세스는 과연 다시 되돌아올 수 없는 길이었을까? 소년이 공격의 대상을 동물에서 사람으로 격상시키고 무기나 방법을 한단계 업그레이드하는 동안 누군가에 의한 약간의 개입이나 우연한 일이 있었다면 괴물적인 '소년 A' 사건은 미연에 막을 수 있었을지도 모른다. 즉 여기까지의 소년의 변화를 일종의 자기변용이라 봐도 좋다고 해도 그것을 '살인자로의 자기변용'이라 단순화하여 표현하는 것은 적어도 너무 성급하다.

체포되고 가정재판소에서 심판을 받은 소년은 의료소년원에 들어갔다. 거기서 형성된 그의 갱생 콘셉은 사건에 이르기까지의 생애를 이른바 리셋하고 새로운 자기변용을 돕는 것이었다. 그것은 '악'으로의 자기변용에 이른 커다란 원인이 사랑받는 체험의 결여에 있다는 인식에 기초해 있다. 소년 A는 '다시 살기'를 촉진당한다. 그 때문에 종교처럼 수직적, 상승적인 방향성이 제시되는 것이 아니라 '의사(疑似)가족', 특히 의사적인 '어머니' 품에 안길 필요가 있다고 했다. 현대 일본의 인간관, 가치관이 이 방침의 배경에 있을 것이다. 이러한 형태로 구상되고 실시된 자기변용 서포트를 소년이 진실된 의미로 받아들여 다시 변했는지(갱생했는지) 어떤지, 그것이 '선'으로의 반전적 변용인지 아닌지에 대해서는 지금 당장은 충분하게 판단할 재료가 없다.

제2장에서 '사례'로 든 이시가와 다쿠보쿠도, 소년 A도 우리들에게는 인연이 전혀 없는 인물이 아니다. 시인이며 혹은 범죄자라고 하는 꼬리표를 넘어 자기변용의 길을 함께 걸어가는 것으로 그들은 말을 걸어올 것이다. 또 임신과 출산이라는 사건도 그것이 사람의 생명의 근원으로

연결되는 것인 이상 우리들 모두에게 생각하는 재료로 살아가며 다시 재생하는 힌트를 줄 것이다.

제2장에서 우리들이 어떻게 관계성의 기류안에서 살아가고 있는지를 봤다. 다섯 가지의 관계성을 키워드로 하고 계기로 삼았다. 밖이 되는 자연이나 자신의 안이 되는 자연(신체)과 교류하며 다른 사람들에게 도움을 받고 가르침을 받고 혹은 휘말리고 귀찮은 존재로 취급당한다. 혹은 사회의 구조에 지탱되거나 실망하거나 남겨지기도 한다. 그 안에서 변용하거나 변용에 저항하거나 하는 자신을 응시하면서 초조해 하고 떨기도 하며 포기하고도 하고 받아들인다. 그리고 그러한 모든 것은 의미로서 가슴에 저장되고 표현되며 반성된다. 우리들은 죽을 때까지 의미안에서 즐거워하며 슬퍼해가는 동물이다.

제3장
어떻게 변하는가
-변용전기론

제1장에서 변용의 가치론, 제2장에서 변용의 다섯 가지 관계성에 대해 생각했다. 제3장에서는 자기변용이 어떻게 하여 발생하는가, 그 전기(轉機, 구조)에 대해 밝힐 것이다. 사물에는 다양한 전기가 있으며 다양한 전결(그 후의 결과)을 밟아간다. 우리들이 전기라고-혹은 전기였다고 나중에-알아차리는 것에는 인간관계성이나 사회관계성과 관련되는 것이 많을 것이다. 자연관계성(나이를 먹는 것, 애완동물과의 교유 등)에서도 자기관계성(이른바 성격이 어둡게 된다, 밝게 된다 등)에서도 의미관계성(신념이 붕괴된다, 새로운 취미를 갖는다 등)에서도 전기는 빈발한다.

또 여기서 말하는 전기란 보통 '변하는 계기'를 의미한다. 눈에 보이는 변화의 발단이 된다, 발단이 된 일을 전기라 한다. 그러나 이 책에서는 그러한 점만을 보는 것이 아니라 프로세스(경위, 흐름) 전체를 시야에 넣고 있다. 또 최종적으로 변하지 않는다 해도 거기에 어떤 미세하지만 끊임없는 흐름이 있다면 그것도 다룰 것이다. 예를 들어 완고함이란 일종의 역변용(변화에의 저항)으로서 훌륭한 변용이다. 반드시 전화하지 않는다, 결국은 변하지 않는다, 변하지 않았던 케이스도 자기변용론에는 포함되는 것이다.

제1절 도정(道程)과 경상(鏡像)

공격하는 것으로 자신이 상처받는다−부자간의 경상성

이 책에서 말하는 인간관계성 중에서도 친자관계는 특별한 위치에 있다. 인간이라면 누구라도 서로 가깝고 일반적인 관계성을 가지면서도 각각의 가정에서 각기 다른 형태를 드러낸다. 부모가 젊고 위세가 좋은 가정의 아이는 비교적 얌전(오늘날처럼 버릇없이 아이를 키우는 사회는 모를 것이다)한데 부모가 나이가 들어 힘이 약해지면 아이와 타협하고 영합하는 것도 자연스러운 경향이다.

가정에서 서로 친숙하고 타협한다고 해도 마찰이 생기고, 대항한다고 해도 그 힘의 관계(힘의 장)안에서 아이도 변용하고 부모도 변용한다. 오랜 기간 들여 점차 진행하는 변용(나이 등)이 있다면 어떤 사건(결혼이나 발병 등)을 계기로 갑자기 드러나는 변용도 있다. 부모의 입장에서 젊음이란 자신이 통행한 길이기에 아이의 변용을 어느 정도는 이해하기 때문에 그러한 입장까지도 이해하면서 자신을 변용해 간다. 하지만 아이는 다르다. 자신이 부모가 되기까지 부모가 부모로서 보여주는 것의 의미가 몸에 배에 아는 경우는 없다. 이러한 부자관계의 미묘한 차이는 아마 어떤 사회 구조에서도 여전히 존재할 것이다.

부모의 인간관계성은 그것을 둘러싼 시대나 사회의 상황에 영향 받는다. 일찍이 학생운동에 투신해 체포되고 그 후에 집으로 돌아온 어느 현대 시인이 부모에게 뺨을 맞자 도발하는 듯 노래했다. "석방되어 돌아온 나의 뺨을 때린 아버지여! 당신이야말로 일어나지 않으면 안된다"(道浦母都子,《무원의 타정》에서).《만요슈(万葉集)》[01]나《고킨와카슈(古今和歌集)》[02]의 시대라면 '석방'등과 같은 노랫말은 보이지 않는다. 또 '일어나라'는 말의 정치성도 현대 사회의 한정된 말이다. 어쨌든 경찰의 보호를 받은 딸이 집으로 돌아왔을 때 분노하면서 뺨을 때린 아버지를 그녀는 노래로 되돌려주면서 자신의 정치적 옳음과 지위의 역전(당신이야말로)을 의기양양하게 선언했다. '정치의 시대'가 부모 자식을 적나라하게 대결시키고 관계의 변용을 촉진시켰다.

설마 이 노래가 그 자리에서 그녀의 입에서 내뱉어진 것은 아니겠지만 딸의 위압적인 자세를 아버지는 느꼈는지, 오히려 때린 자신이 부끄러운 듯 얼굴을 돌려 나가버렸다. 딸은 또 노래한다. "맞은 나보다 깊게 상처를 입은 아버지가 어딘가로 나갔다". 아버지의 마음을 '상처입어'라고 하는 것은 과연 적절한 말의 선택일지는 잘 모르겠다. 석방되어 오히려 얼굴을 들고 집으로 돌아온 딸과 그것을 맞이하는 아버지와는 일촉즉발의 상태로 대치한다. 거기서 격노한 아버지의 꽉 쥔 주먹이 여운으로 남았다. 아버지는 상대(딸)에게 시대의 정의가 있다는 것을 어느 정도 알려주면서 그것을 억누르려고 했던 것일까? 어렸을 때부터 사랑해 온 딸이라면 이 대면성의 와중에서 "딸을 때리는 일은 자신을 때리는 일"이라는, 이치를 초월한 일체성, 경상성(鏡像性)이 작용하지 않았다고는 말할 수 없다.

아버지의 동요는 딸의 그것을 유발시키고 두 사람의 자기변용이 풀어진다. 딸 쪽에서도 경상성이 움직인다. '나보다도 깊이 상처를 입은'에서 '~보다도'라는 말은 깊음을 비유한 것은 아니다. 주먹을 편 아버지의 '상처 입은' 것을 딸이 알아차리고 눈으로 드러낸다. 아버지는 그것을

---

01 《만요슈》는 7세기 후반부터 8세기 전반 무렵에 걸쳐 편찬된 일본의 현존하는 최고의 와카슈(和歌集)이다. 천황, 귀족, 하급관리 등 다양한 신분의 사람들이 읊은 노래를 4500수 이상 모아놓은 것으로 759년 이후 성립되었다..

02 《고킨와카슈》는 헤이안시대 전기에 만들어진 칙선 와카슈(勅撰和歌集)로 전 20권.

보면서 더욱 또한(이중으로) 상처를 입고 집을 나왔다. 그 상호작용, 공명성. 아버지의 분노가 준 쇼크(그것을 어느 정도 예상)에 이어 아버지가 나가는 것을 바라보는 마음의 동요(아버지의 작음, 약함), 이 이중의 충격이 있는 것은 아닐까? "나가버렸다"는 결코 승리의 표현은 아닐 것이다.

경상성의 이중—아동학대

위에서 인용한 미치우라 모토코(道浦母都子, 1947~현재)의 노래 분석은 현대 시론에서는 물론 현대 가족론, 친자론으로서도 핵심을 찌르지 못했다는 것을 알고 있다. 어떤 노래도 그러나 나의 마음속에 잠시 거하고 있다. 앞에서 인용한 시집의 다른 시들도 힌트 삼아 아직 덜 익은 감상이지만 하나, 둘 첨가해 둔다.

그 하나, 집(자택)이라는 것은 사정에 따라서는 부친의 안주 장소로는 반드시 그러하지는 않다. 어떠한 의미에서, 어떠한 원인에서 그러한지에 대해서는 지금은 묻지 않는다.

그 둘, 이 아버지와 딸의 행위는 대칭적이지는 않다. 아버지는 행동한다(때리고 혼자 나간다). 딸은 참는다. 얼굴을 들고 집으로 돌아오는데 "아버지의 화가 난 주먹에 참으면서" 나가버리는 것을 바라볼 뿐. 꽉 쥔 주먹은 상대가 성인이 된 딸이라고는 해도 부모에 의한 명백한 힘 차별이다. 아버지의 주먹은 기동대에 의해 "떨리는 방패보다 깊게" 자신을 때렸다고 그녀는 당장 호소하고도 있다. 그런가하고 생각하면 항상 아버지와의 거리가 멀었던 자신이기 때문에 "맞아서 아는 사랑"일지라도—그녀가 시를 쓰던 시대의 일본은 지금보다 가부장적인 분위기가 강했다고는 해도 혈연의 깊은 어둠, 그것을 표현하는 시인의 마음속에 있는 애증의 복잡함에는 입이 다물어지지 않는다.

그러면 가족과 폭력성에 관한 다른 부친의 상에 눈을 돌려 보자. 아이를 학대해버리는 부모의 개선을 돕는 전문가로부터 다음과 같은 이야기를 들은 적이 있다. 그러한 부모는 자신도 학대를 받은 경험을 갖고 트라우마 체험이 원인이 되어 자신이나 아이에게 상처주는 행동이 표출되는 경우가 많다. 세대 연쇄(連鎖)나 부자 연쇄라 불리는데 어덜트 칠드런(adult children)[03]이라고 말하는 사람도 있다. 그 '연쇄'를 마치 유전자의 계승처럼 개인이나 사회의 노력으로도 어떻게 할 수 없는 것이라 받아들이는 것은 잘못일 것이다. 반대로 학대를 받은 사람이 부모가 되어 그 자신의 학대로 발전하기 쉬운 경향을 내재하고 있다 해도 그러한 사람이 학대를 피하기 위해 도움을 청하러 간다, 그러한 기댈 수 있는 장소를 사회가 제공한다면 결과는 상당히 달라질 것이다. 이러한 이유로 그러한 부모들이 '생환'할 수 있도록 돕는 프로그램이 있는 것인데 그 효과는 양분된다고 한다. 자벌과 타벌이 키워드가 된다.

'타벌' 경향의 사람(부모)은 무슨 일이 발생해도 '했다'거나 '당했다'고 하는 관점에서 밖에는 보지 않으며 마지막까지 누군가를 공격한다고 한다. 자신은 나쁘지 않다, 타인이 나쁘다. 그러한 결정이 자신을 지지해주는데 자신의 아이를 공격하는 대상이라 간주하고는 그 관계성을 자신의 지지로 삼는다. 도움을 받아도 그 전문가들(부모에게는 힘을 갖는 존재)에게 '인정받는' 것이 그들의 목표가 된다고 한다.

이에 반해 '자벌' 경향의 부모도 있다. 분노의 힘을 자기 자신에게 향해온 사람이라도(더욱 그것이 모친의 경우, 모자신화와 함께 분노가 아이에게도 향하는데) 그들은 눈에 띄는 변화를 보여주는 경우가 있다. 이 사람들은 자신의 존재를 그 정도로 순수하게 인정받는 경험을 하면 그때까지

---

03 기능부전(機能不全) 가정에서 자라 마음에 상처를 가진 사람들을 어덜트 칠드런이라 부르는데 그들은 어린 시절 부모로부터 만성적으로 마음에 상처를 받았기 때문에 각종 마음의 문제를 안고 있다.

헛수고가 된 학대의 힘을 좋은 방향으로 전환시켜 갈 수 있다.

타벌, 그리고 자벌. 인간의 근원적인 공격성의 다양한 표출 방법. 상당히 깊이 있는 사려를 거듭해서 나오는 말들이다. 완전히 남의 일이라고는 말할 수 없지만 또 무섭다. 아동 학대의 행동이라고 해도, 공격성 일반이라 해도. 그러고 보니 가족이라는 것이 학생 운동가들로부터 비판적으로 "의미와 위로의 외로운 섬"이라 불린 것은 언제적 일이었을까? 그 얼핏 평화스러운, 가족을 '치유해' 주는 가정도 날마다의 대풍에 흔들리면서 그 커다란 틀을 어떻게 해서든지 유지하고 있는, 혹은 유지했다고 생각한다.

제2절 창조에 대하여

과학의 패러다임—기본이 되는 체계

어느 사물의 안과 밖을 나누던 경계가 언제부터인가 애매하게 되거나 크게 동요되거나 사라지거나 하는 경우가 있다. 더욱이 살아있는 것(유기체)에서 그러한 일이 발생한다면 간단하게는 끝나지 않는다. 아메바처럼 세포내의 원형질이 변하여 종종 형태를 바꾸는 생물은 예외라 해도 대부분의 생물은 살기 위해 특징적인 형태를 취하여 외부로부터 견고하게 자신을 지키면서 개체로서의 생명을 유지한다. 내외의 경계(인간이라면 피부)가 침투당하는 것은 밖에서의 위협이나 폭력에 그 개체가 침식당해 무너져가는 것을 의미한다. 침입한 이물질을 식별하여 배제하는 제2의 방어기제인 면역계도 움직일 것이기 때문이다.

인간관계성이나 사회관계성 차원에서도 경계의 침투는 비슷하게 부정적인 의미를 가질 수 있다. 가족, 친구, 지역, 국가 등의 연대는 그것을 견고하게 유지하려고 하면 할수록 내부의 변동 요인이나 외부로부터의 자각, 유혹을 배제하는 것이 된다. 이른바 보수적인 심성이다.

내가 말하는 '의미관계성'의 경우도 절반까지는 같다. 정의되고 합의된 어떤 것에 대한 충실함이 그것의 경계를 견고하게 지키며 변용은 가능한 한 배제당한다. 예를 들어 과학사, 과학론의 영역에서 패러다임이라 불리는 것을 보자. 과학의 패러다임이라는 것은 어느 특정한 시대의 과학을 지배하는 기본적인 개념 구조이다. 유럽의 고대, 중세에서는 오랫동안 프톨레마이오스의 천동설이 천문학을 지배했다. 제1장에서도 다루었는데 부동의 지구를 중심으로 구층의 천구가 돈다는 내용이다. 그 학설(패러다임)과 합치되지 않는 관측 데이터는 무언가의 오류라 하여 무시당했다. 그러는 동안에 설명이 되는 변칙성(패러다임과 합치되지 않는 경우)이라 하여 주목을 끌기도 하고 변칙성을 설명가능 하도록 패러다임의 부분적 개량이 덧붙여지기도 했다. 천동설의 기본(즉 경계) 자체는 흔들리지 않았다. 이렇게 무지하며 제멋대로 인가 하고 지금의 우리들은 경멸할지도 모르지만 그러한 경멸은 후지식, 이후의 사람들에 의한 심판이다. 당시 사람들에게는 태양이나 달, 항성의 움직임을 설명하는 다른 도구(패러다임)는 없었으며 전통적인 물질관이나 가치관과 완전하게 결합되어 있었기 때문에 태양에 흑점이 있다고 하는(당시 신발명의) 망원경을 사용한 관측보고 조차도 그들의 머리에서 부정당할 정도였다.

이상은 천동설의 패러다임이 극히 견고하게 신뢰를 받고 있던 시기의 이야기다. 그런데 패러다임과 모순되는 관측 보고가 점차 이어지면서 눈앞의 대응으로는 맞서기 어렵게 되자 패러다임 그 자체에 의문의 눈을 돌리게 되었다. 이렇게 하여 코페르니쿠스가 지동설을 주장하고 그후 우여곡절은 있었지만 천문학에서 '과학혁명'이 성립했다-이것이 패러다임 개념의 제창자인 과학사가 쿤의 과학혁명론의 이야기이다.

과학의 쇄신-'닫음'이 혁명을 낳는다.

그렇게 된다면 과학이 혁신되기 위해서는 원래의 패러다임이 유연하면 할수록 유리한가 하는 의문이 생긴다. 재미있는 사실은 쿤은 그것을 부정한다는 것이다. 오히려 그 시대의 패러다임에 완전하게 뿌리내리는 연구 쪽이 그 전통을 무너뜨리고 새로운 전통을 탄생시키는 힘을 갖는다는 것이다. 오래된 것을 철저히 하여 새로운 것으로 연결시킨다. 형태를 묵수하는 것이 오리지널리티를 탄생시킨다. 이 역설을 쿤은 '전통과 혁신의 변증법' 혹은 '본질적(불가결의) 긴장'이라 불렀다(《본질적 긴장》). 왜 이러한 것이 일어나는 것일까?

쿤은 '어떻게 하면 창조적 인격을 빨리 구분할 수 있는가'를 테마로 하는 회의에 초대되었다. 그 회의의 주류파는 '원심적(일탈적) 사고'에 의해 오래된 해답을 거부하고 새로운 방향으로의 출발이 필요하다고 믿고 있었다. 쿤은 그러한 견해에 반대하면서 '구심적 사고'도 마찬가지로 중요하다는 이론을 전개했다.

코페르니쿠스나 아인슈타인급의 '과학혁명' 이외에도 소규모이면서 같은 구조의 혁명적 사건이 과학사에서 항상 일어났으며 과학의 발달에 기여해왔다. 새로운 발견이나 이론에 맞추기 위해서는 그 이전의 신조나 관행을 일부는 버리거나 그때까지 사용되어 왔던 지적(知的), 조작적 장치를 재조정하거나 하지 않으면 안되는데 그것은 상당한 부담을 의미한다. 그러면 왜 '보다 유연한 사고'만으로는 안되는가를 설명하기 위해서 패러다임이 없이는 어떠한 사태가 생기는가에 대해 쿤은 다음과 같이 논한다. 뉴턴 이전(태고의 옛날부터 17세기말까지)에는 물리광학에서 패러다임은 존재하지 않았다. 빛의 본성에 대한 '다수의 서로 다른 형상'이 제기되면서 일부는 곧 쇠퇴하고 일부는 '지속적인 학파'를 형성했다. 이러한 체제에서는 그 분야에 들어와 있던 신인은 모순되는 관점에

분통을 터뜨리게 된다. 그러면서 거기에서 하나를 선택하여 자신의 방침으로 받아들인 후에도 다른 선택지에 대한 시야는 막지 못한다. 이것은 유연한 과학자를 양성하기 위해서는 적절한 것처럼 보이는데 실제로는 이러한 '보다 자유주의적인 교육활동'의 시기에는 물리광학은 거의 진보하지 않았다.

그러면 어째서 전통에 밀착된 '구심적'인 더 분명하게 말하면 '닫혀진' 사고 쪽이 혁명을 탄생시키기 쉬운가? 과학의 새로운 이론은 완전히 새로운 것에서 발생하는 것이 아니라 낡은 이론이나 신조를 모체로 하면서도 그것으로는 설명할 수 없는 '변칙성'을 발견하고 그 의미를 해명하는 것으로 성립한다. 그럼에도 변칙성은 어디까지나 '변칙'을 배경으로 정의되며 지적되는 것이기에 규칙(패러다임)에 통하지 않는 초보자에게 변칙성은 보이지 않는다. 과학자들이 '허용'할 수 있는 변칙성이란 그 당시 통용되는 패러다임의 중심 교의와 명확하게 대립하는 반면, 기본이 되는 현상 이해와 복잡한 상호관계를 갖고 있다. 어느 '구조'를 부여해 줄 수 있는 변칙성이다. 패러다임을 자기 일처럼 알고 탐색하는 과학자들이기 때문에 그러한 변칙성이 패러다임에 강요하는 곤란이나 위기를 인식하고 평가할 수 있다. 그러한 강고한 패러다임을 배경으로 변칙성(패러다임의 곤란이나 위기)을 조직적으로 평가하는 것으로 과학혁명을 발생시키고 이것이 근대 유럽이 경험한 급속하며 급격한 과학 발달의 패턴을 가능하게 했다.

이렇게 하여 참으로 생산적인 과학자란 사전에 설정된 규칙에 따라 게임을 즐기는 전통주의자인 반면 새로운 게임규칙과 새로운 수단을 발견한 게임 그 자체의 쇄신자가 되는 것이라고 쿤은 생각한다. 다만 과학자가 언제 '전통'에서 '쇄신'으로 전환할지 그 현장의 긴장감, 혹은 그 임계점(크리티컬 포인트)에 대해서는 그다지 구체적으로 말하는 것은 없다.

일어난 일의 변용, 화자의 변용

쿤의 패러다임론과 과학혁명론은 한 시대를 구분하는 유력한 이론이 되었는데《본질적 긴장》의 머리말에 있는 〈자전적 서문〉을 읽으면 그 자신이 과학사 기술에 대한 이른바 회심을 경험한 것을 알 수 있는데 그의 사상은 보다 무거워 스릴 넘친다.

그의 이름을 일약 유명하게 만든《과학혁명의 구조》(1962)에 앞선 시기의 일인데 쿤은 17세기의 역할 패러다임(데카르트나 갈릴레이)의 탄생 비밀을 추적하고 있었다. 그때까지 지위를 차지한 오래된 패러다임은 고대, 중세를 거쳐 지속되어 왔던 아리스토텔레스주의였는데 쿤은 그 사상을 내측에서 이해하려고 전력을 다했다. 아리스토텔레스는 다른 영역에서는 놀랄 정도로 통찰력이 풍부했는데 역학에서는 어째서 바보(로 밖에는 보이지 않는)같은 것을 말했는가? 어느 '무더운 여름 날' 텍스트의 새로운 읽기, 아리스토텔레스의 새로운 이해가 불사가의하게도 그의 눈 앞에 열렸다. 그 후 그때까지는 부자연스러운 비유라 생각했던 것이 종종 '사실적인 묘사'로 보였다고 한다. 쿤은 아리스토텔레스주의의 물리학으로 생각을 바꾸어버린 것이 아니라 그 물리학에 여전히 '난점은 느끼'면서도 '어느 정도까지는 그와 같이 생각하는 것'을 배웠다. 이렇게 하여 체득한 읽기 방법을 그는 '보일과 뉴턴, 라보아제와 돌턴, 볼츠만과 플랑크'에게도 응용했다.

이것은 불가사의한 일이다. 패러다임론의 중심 논점의 하나로 패러다임의 '공약불가능성'의 문제가 있다. 패러다임은 각각 닫힌 것이기 때문에 상호 접점을 갖지 못하며 예컨대 같은 용어를 사용해도 의미가 다르기에 비교(공약)가능조차 없다고 한다. 이 논의는 패러다임이 만든 견해에 기초해 있다고 생각되는데(후술 참조) 상술한 쿤의 경험 그것이 공약불가능성을 적어도 부분적으로 반박하고 있는 것은 아닌가 한다. 왜냐하면 쿤은 아리스토텔레스주의에서 개종하지 않고 아리스토텔레스주의를 이해할 수 있게 되었기 때문이다. 과학자(과학패러다임의 실천자)로서는 이처럼 간단히는 될 수 없지만 쿤과 같은 과학의 관찰자에 있어서는 적어도 패러다임의 경계는 완전히 닫혀있지는 않다.

이 〈자전적 서문〉에서 쿤은 이중의 변용을 말하고 있다. 쿤은 (1)개별 과학적 텍스트(아리스토텔레스) 읽기라는 점에서 변용했으며 뿐만 아니라 (2)과학사가로서의 근원적 견해 그것과 같다는 점에서 다시 말하면 과학사가로서 변용한 것이다. "잊을 수 없는 더운 여름 날"에 그가 언급하고 있는 것은 단순한 수사가 아니다. 마치 생애를 건 연애가 그러한 것처럼 그 회심을 잉태한 상황이나 환경도 사건의 일부로서 기억에 각인될 것이다.

혁명가의 변용 원조

쿤이 얻은 교훈은 다음과 같이도 표현된다. 텍스트에는 많은 독해 방식이 있는데 현대인에게 알기 쉬운 읽기 방법을 그대로 과거의 텍스트(예를 들어 아리스토텔레스)에 적용하면 많은 경우는 부적절하게 된다. 따라서 '알기 쉬운' 독해 방법은 일부러 피한다. 이것은 이 책의 제일 처음에서도 약간은 언급한 자기변용론의 핵심이다. '자신을 중심에서 벗어나게 한다', '세계를 자기편으로 한다' 라는 것과 중첩된다. '시대에 뒤처진 텍스트의, 시대에 뒤처진 독서 방법을 회복한다' 라고도 쿤은 말한다. 반시대적인 해석 인가?

그리고 교육자로서의 쿤은 그 교훈을 학생에게 전하려고 할 때 다음과 같이 지시한다. 중요한 사상가의 텍스트를 읽을 때에는 먼저 그 안에서 일견 바보처럼 보이는 부분을 찾아라. 그리고 저자는 양식있는 사람일 테니까 왜 그러한 내용을 쓰게 되었는가 자문하라. 만약 그 대답을 찾아서 얼핏 부조리한 부분의 의미가 통하게 된다면 이전에 알았을 것이라고 여기는 중심적인 문장도 또 의미를 바꾸어버린 것을 알아차릴 것이다.

쿤은 자신이 얻은 교훈(즉 자신의 변용)을 교육자로서 학생에게 전하고 그들의 변용을 방법적으로 일으키려 했다. 다시 말하면 전기를 인위적으로 환기하려 한 것이다. 이것은 내가 말하는 〈변용원조론〉(제6장)에 상당하는 것으로 주목해야 할 시도이다.

패러다임은 정의가 아니라 표준례, 과학보다 어학

이제 앞에서 패러다임을 어느 기본적인 이론적 체계라 했다-명확한 경계선으로 둘러싸여 그 패러다임을 지지하는 과학자들은 거기에 충성을 다하며 다른 패러다임의 지지자들은 거기에서 제외되는 것으로 말이다. 그것은 또 쿤 자신의 어떤 경우의 패러다임 이해를 반영한 것이었다. 그러나 쿤은 흔들렸다. 과학자들은 의거하는 패러다임을 거기까지 명확하게 의식하면서 일을 하고 있는 것은 아니라고도 쿤은 말한다.

쿤에 의하면 과학자 집단은 어느 시기까지는 적어도 패러다임에 대해 명확한 '합의'에 도달했다. '힘'과 '질량', '혼합물'과 '화합물' 같은 키워드에 대해 그들 사이에서 일치된 정의가 틀림없이 있을 것이다. 그렇지 않으면 연구 방법을 설명하거나 다른 연구자의 연구를 평가하거나 할 때 왜 과학자들은 기본적으로 전원 일치 할 수 있는가? 한편 그러나 쿤의 과학자로서의 경험, 또 과학사가로서의 경험을 말할 때에는 이러한 정의가 실제로 교육되는 경우는 어디에도 없었다.

이 난문은 다음과 같이 하여 풀었다. 가령 정의를 가르치지 않았다고 해도 교과서에 잘 나오는 문제에서는 '힘'이나 '화합물' 같은 키워드가 등장하여 그 문제의 표준적인 해결 방법은 가르쳐줄 수 있다. 학생들은 그러한 키워드의 정의와 일치하지 않더라도 그러한 표준례를 바탕으로 '문제를 푸는 방법'의 공식을 체득하여 과학자 집단의 동료로 들어갈 수 있다.

과학의 초보자에 대한 교육은 어학 초보자의 훈련과 다를 바 없다. 처음 언어의 동사 활용을 배울 때 학생은 표준형을 암기한다. 미국인이든지 일본인이든지 라틴어를 배울 때에는 '사랑한다'라는 동사의 활용을 아모(나는 사랑한다), 아마스(너는 사랑한다), 아맛트(그/그녀는 사랑한다)....라고 전부 암기하면서 그것을 조금씩 다른 동사에게 적용하여 넓혀가는 것이다. 어학 교육의 이러한 표준례를 영어로 '패러다임'이라 부르는데 쿤은 그 용어를 과학의 표준적인 예제에 적용했다. 그것이 사실 적어도 진실의 일부이다. 어학을 싫어하는 사람에게는 재미없는 정보일지도 모르지만 말이다.

아무튼《본질적 긴장》에 이어《과학혁명의 구조》에서도 사용되어 일약 유행어가 된 패러다임의 개념은 다양한 의미를 함의하고 있으며 쿤 자신이 인정하는 것처럼 독자들의 혼란을 초래했다.

동일성이란 무엇인가

이 이야기는 우리들이 (자기)변용을 말하는 전제가 되는 '동일성'(변하지 않는 것)이란 무엇인가에 대하여 귀중한 시사를 준다. 알기 쉬운 것은 신념체계를 함께 하는 집단에 의해 반성적으로 소유되어 있는 교의, 혹은 (기본어에 대한) 정의가 그것이라는 사고법이다. 그렇지만 앞에서 본 것처럼 우리들 사회에서 '합리적'이라 하는 행위의 챔피온인 과학자 집단조차 키워드에 대한 분명한 정의는 갖지 못한다. 정의는 없어도 연구는 할 수 있다고 한다.

중요한 것은 그 집단이 그것에 대해 기술하라고(정의하라고) 해도 좀처럼 기술하기 어려운데 실행하라고 하면 모두 실행할 수 있는, 그러한 조작적인 무엇일 것이다. 어쩌면 종교도 사정은 마찬가지이다. 신에 대해 정의해보라고 말한다면 웬만큼 대단한 지식인, 신학자가 아니라면 대답에 막히는 일이 많을 것이다. 그래도 예배에는 신자들이 모두 참석하여 같은 신을 예배할 수 있다. 같은 시간대에 같은 장소에 모여 같은 방법으로 같은 기도를 올릴 수 있는 사람들이 이른바 조작적으로 같은 신을 믿는다고 할 수 있다. 물론 예를 들어 크리스트교에는 일정한 기본적인 교의(교리)가 있어서 교리문답 형식으로 요약하여 신자에게 가르친다. 그 정해진 방식을 신자집단은 공유하고 있다고 말할 수 없는 것은 아닌데 과연 그것이 집단을 하나로 묶을 수 있는 것인가, 집단의 동일성이라 한다면 거기에는 의문의 여지가 있을 것이다.

그것은 그렇다 치고 나의 의문은 동일성이 정의에 의한 것이 아니라고 한다면 이 타입(패러다임)은 어떠한 계기로 변용하는가, 그 전기는 어디에 있는가와 같은 것이다. 만약에 패러다임의 가치가 이론이나 그 중심 용어의 명확한 정의와 관계되고 관찰이나 관측에 의해 그 이론의 옳고 그름을 직접 검증할 수 있다고 한다면(문제는 그렇게 심플하지는 않지만) 그 관찰이나 관측이 과학혁명을 일으키는 전기가 될 것이다. 그렇지 않은가? 이에 대해 앞에서 본 것처럼 패러다임이 어느 언어의 동사활용의 표준적인 예와 같은 것이라면, 예를 들어 계통이 현저하게 다른 문화에서 그 언어가 수용되어 종래와는 다른 이단적인 문법이 발생했을 때 언어패러다임은 '변용했다'고 말할 수 있을까? 문법을 보고 언어의 변용을 판단할 수 있을까, 혹은 문법이 변하지 않으면 언어도 바뀌지 않는다고 할 수 있을지. 나는 언어학이나 문법에 전문적인 지식이 없기 때문에 의문이 남으며 첫째로 그 문법 변용의 전기 그 자체는 여전히 설명이 필요하다.

아무튼 패러다임은 명확한 윤곽으로 구별된 내부가 그 정도로 등질적인 것과는 다르다. 이제 그렇다는 사실은 알았다. 특별히 외부로부터 경계선을 그어 구별되어 있는 것도 아니기 때문에 외부로부터 무엇인가가 침입하여 들어와서 변하는 것도 아니다. 이 점에서 흥미 깊은 것은 물리학자 듀엠의 테제(명제)이다. 앞에서 말한 것처럼 과학이론이 단체라면 즉 단독의 가설만으로 성립되어 있다면 어떤 실험에 의해 결정적으로 검증되거나(다시 말하면 올바르다고 알게 되거나) 반증되거나(다시 말하면 틀렸다고 알게 되거나) 하는 가능성이 있다. 그것을 '결정 실험'이라 한다. 대부분의 독자들도 과학에 그 정도의 견고한 명확성을 추구해온 것은 아니겠는가? 경계가 하나(단체)에 둘러싸인다고 하면 그것이 침투되는(즉 반증된) 일도 가능하다. 그런데 듀엠은 그러한 결정 실험의 통념을 부정했다. 물리이론은 주요 가설, 보조가설, 배경지식 등을 포함하는 복잡하여 무슨 말인지 잘 모르는 것이라서 어느 실험이나 관찰에 의해 결정적으로 검증 혹은 반증되는 일은 없다. 우리들이 사물의 변화를 생각할 때 쉬운 단체를 기준으로 하는 경우가 많은데 듀엠에 따르면 그 단체로의 편중을 바로잡지 않으면 안 될 것이다.

제3절 경계는 끌어 당기고 또 침투된다.

아브젝시옹(abjection)[04]

정말 기분 나쁜 것을 보고 토할 것 같은 경우가 있다. 대체적으로 철학에서는 그다지 익숙하지 않은 현상의 의미를 깊이 분석한 사람이 정

---

04 아브젝시옹이란 주체가 안정된 정체성을 확보하고자 이질적이고 위협적인 것들을 거부하고 추방하는 심리적 현상.

신분석가이며 독자적인 기호론을 전개한 줄리아 크리스테바이다. 《공포의 권력-아브젝시옹의 시론》이라는 그녀의 저작을 통해 무의식의 차원에서 운동하는 '변용'의 계기를 조사해보자.

앞에서 '기분 나쁜 것을 보고' 라고 했는데 혐오감이 어디에서 오는 것인가, 당사자도 이해할 수 없는 것이 많다. 우유의 표면에 퍼져있는 엷은 막을 보면 왠지 모르게 불편해지는 사람이 있다. 우유 자체는 더럽다 해도 썩은 것도 아니다. 반대로 우유를 아주 좋아하는 사람도 있으며 엷은 막을 좋아하여 떠먹는 사람조차 있다. 즉 기분이 나쁜 것, 크리스테바가 말하는 '싫은 것'(프랑스어로 아브젝시옹)은 우유라는 특정의 대상이 갖고 있는 성질에서 오는 것은 아니다. 싫은 것이 나에게 침입하여 구토를 재촉할 때 그 감각은 이것이라고 하는 명확한 대상을 갖지 않는다. 더러운 것(오브제)은 나와 대면하는 하나의 대상(오브제)은 아니다.

오브제라는 프랑스어에는 따로 떼어 버리는 것 이라는 의미가 있다. 원래는 '나의 것'이었던 것이 떨어져 나가 어느 물체로서 내 앞에 나타났을 때 그것은 싫은 것이 된다. 모유는 유아에게 없어서는 안되는 것, 자신의 일부이다. 그런데 발달 과정에서 '모유 이탈'을 요구당하고 그 아이에게 모유-우유는 절연당한 것으로서 자기 앞에 나타난다. 그것은 중립적으로 무표정하게 나와 마주하는 대상(오브제)이 아니라 이전에 자신의 일부였던 것이 지금 거기에서 단절당했기 때문에 나에게 깊은 정서적인 동요를 주는 것, 주저함 없이 '싫은 것'으로 변용해 있다. 여성의 용어법이라면 '징그러운 것'이라 말할지도 모른다.

따라서 단순하게 '더러운' 것이 싫게 느껴지는 것은 아니다. 정리된 한 선을 어지럽히는 것, 어느 쪽도 붙잡지 못하는 것, 혼합되어 있는 것이 참을 수 없게 싫은 것이다. 입으로 들어오는 것(우유나 식물)이나 몸에서 나오는 것(오줌이나 대변 등)이 싫은 생각이 들어서 토하고 싶은 것의 전형인데 도덕적인 영역에서 '화가 나는' 것, 수상쩍은 것이거나 '양심에 넘치는 배신자나 거짓말쟁이, 범죄자, 남을 돕는 자라고 말하는 파렴치한 강간자나 살인자'가 그러하다고 크리스테바는 말한다. 아군도 적군도 없는, 양다리 걸친 남자도 그러할 것이다. 혹은 혼전에 임신시켰음에도 '혼전임신결혼'에 망설이는 남자(독신, 기혼, 아이 없음, 아이 있는 구별을 애매하게 한다). 어쩌면 내가 쓰고 독자가 읽고 있는 이 책, 대학출판회가 출판하니까 학술서이기도 하면서 말투나 여러 가지가 잡다하게 뒤섞인 잡탕 같은 다양한 소재가 묘하게 학술서 같지 않은 이 책도 수상쩍은 것일지도 모른다(수상쩍은 것이라는 말도 그것이 지적하고 있는 대상과 마찬가지로 '수상쩍은 것'). 일본의 젊은이가 자주 '열받는다'라고 하는데 이것도 단순하게 내뱉는 것이 아니라 거기에서 느끼는 이유의 반발이 아닐까? 그렇다면 '싫은 것'의 논리는 직접 본 것 이상으로 사정권이 넓다.

그러나 무엇보다도 '싫은 것'은 죽은 것이다. 그러니까 인류는 매장을 발명하여 처음으로 '인간'답게 되었다. 그래서 고인에 대한 염습과 화장을 한다. '싫은 것'이 경감 또는 제거되어 고인을 돌보며 떠나 보낼 수 있는 것처럼 말이다. 깜빡한 죽은 사람의 수염을 깎고 그 면도날을 버린다. 그러나 유골을 담을 때 '싫은' 유기성이 다 하여 골격을 잃은 뼈는 인격성에서 해방된 무엇으로 돌아가고 정화되며 유머의 대상이 되기도 한다.

경계와 질서의 발생―〈아버지의 법〉

우유 표면의 막과 '모유를 끊는 것'만으로 무리하게 여기까지 이야기를 끌고 왔는데 독자는 크리스테바가 말하는 '싫은 것'의 비밀을 이해했을까? 여기서 정신분석, 특히 쟈크 라캉의 '아버지의 법'의 개념을 함께 언급하지 않으면 싫은 것의 구조가 보이지 않는다. 라캉의 극히 난해한 이론을 정확하게 과부족 없이 설명하는 것은 나에게는 불가능하지만 기본적으로는 크리스테바의 이해에 맞추어 정리하는 것을 이해해주기 바란다.

우리들 인간은 모자미분화의 상태에서 존재를 시작한다. 그 혼돈의 상태에서 구별을 가져와 질서를 부여하는 것이 라캉이 말하는 '아버지의 법'이다. 아버지의 법은 맨 처음에 '언어'를 주고 개인의 윤곽을 명확하게 그려내는 것으로 구별한다. '아버지의 법'이 발동되기 이전의 자아는 일차적으로 나르시시즘의 상태에 있기 때문에 스스로의 외부에 대상이라 할 수 있는 대상다운 것을 확보하지 못한다. 그 때문에 그러한 대상과 자신을 타자가 구별해 주고 인지해 주지 못하기 때문에 '자아의 동일성'이 불안정하여 담약하게 된다. 자신의 내부와 외부의 경계가 명확하지 못하며 쾌와 불쾌의 경계조차 유동적이다.

라캉의 설명에서는 아이도 두 번의 공포를 체험한다. 먼저 '아버지의 법'에 의해 일체화되었던 어머니와 분리되고 어머니의 신체에 대해 느끼고 있던 충동을 부인당할 때. 그 다음으로 그 분리에 따라 '자기'라는 것을 획득한 후 이전에 자신의 일부였던 '어머니'를 지금 싫은 것으로서 재발견할 때. 싫은 것의 양의성은 어머니의 양의성이다. 크리스테바는 "아버지의 언어에 대한 언어를 갖지 못한 어머니의 미워함"에 대해 말하는데 그것도 그 어머니를 아이는 '싫어하지 않으면서 배제하려 한다'고 말한다. 왜냐하면 아버지의 언어, 아버지의 법은 아이의 윤곽을 형성하고 담약함으로부터 지켜주는 것인데 어머니의 미워함은 그 경계를 범하려 하기 때문이다. 아버지의 기능이 약화되어 어머니의 미워함에 비집고 들어가게 한다면 그것은 '도착이나 정신병으로 통하는 계기가 된다'고 한다.

'개에게 물리는 것'을 무서워하는 여자 아이가 있다. 그녀의 공포증은 전술한 대로 이중의 구조를 갖고 있는데 먼저 엄마와 분리된 것, 이어 지금 자신의 윤곽을 위협하는 이타적인 것으로 바뀐 '엄마'와 조우해 버린 것에서 생겨난다. 그것이 개에게 물리는 것의 공포라는 형태를 취한다. 크리스테바는 나아가 공포증에서 언어의 역할에 주목한다. 이 여자 아이는 공포증의 증상이 심해지면 심해질수록 수다스럽게 된다. "지금 이상으로 나에게 결여되어 있는 엄마보다도 언어로 입을 만족시켜주는 것으로 사물을 말하는 것에 의해 나는 이 결여, 또 여기에 동반된 공격성을 가공한다." 그렇다, 가공하는 것이다. 자신을 위협하고 본래의 모습을 어둡게 하는 대상을 이 아이는 언어를 통해 자신의 것으로 삼아 버리려고 한다. 이처럼 불안이야말로 그것을 금지하는 노력과 가공력이 우리들을 '말하는 존재'로 만들어준다(모든 시인도 언어에 의한 정화에 노력하면서 그것을 업으로 삼고 있다). 그러한 의미에서 "우리들은 전부 공포증환자이다"라고 크리스테바는 말한다. 또한 자기의 윤곽을 위협당하는 주체는 자신에서 유출된 싫은 것(소변, 피, 정액, 대변 등)을 성적 욕망의 대상으로 하여 거기에 몰두하는 것에 의해 위협하는 이타, "엄마의 장기에 대한 공포"를 극복할 수 있다고 한다.

이렇게 하여 개인의 윤곽·경계(동일성)는 발달의 과정에서 몇 번이나 겹치면서 끌리게 되는데 '아버지의 법'의 역할은 개인만이 아니라 사회질서의 창설에도 미친다. 그것은 근친상간의 금지, 그리고 더러움의 배제라는 형태를 띤다.

먼저 근친상간의 금지에 의해 혼인 대상이 되는 여성을 친족집단 내부에서가 아니라 일정한 외부에서 얻지 않으면 안된다고 하는 선긋기가 행해진다. 이 선긋기에 의해 어느 사회집단이 다른 집단과(여성을 포함) 재산의 호환을 할 수 있을지, 그렇지 않으면 호환이 금지되어 있는지 기본 단위가 명확하게 된다. 이러한 일의 논리적 가치는 극히 중요하다. 왜냐하면 그 결과 사회질서가 수립되는데 그것은 문화적 의미도 동반하고 있어서 기호표상 혹은 상징체계(심볼)의 확립으로 연결되기 때문이다. 미개사회의 혼인제도(여성의 교환)와 신화가 밀접하게 관계되어 있는 것은 레비스트로스등 인류학적 연구에 의해서도 분명하다.

둘째 자연적인 '더러움' 혹은 종교적인 '정결'의 배제라는 논리로 사회전체의 내부에, 또 사회와 어느 종류의 자연과의 사이에 경계선이 그어져 있다. 그러한 금기를 지키고 자신들은 '무엇을 욕망해도 좋은가'의 정의를 부여하는 것으로 사회집단은 '자기'를 알고 아이덴티티의 기초를 부여한다. 문자를 갖지 못하는 사회에서는 그 금기를 개념적으로 규정하기 어렵기 때문에 종교적 의례를 통해 상징적으로 '정결'을 배제하고 카타르시스(심리적 정화)를 촉진하지 않으면 안된다.

구별을 위한 구별-음식과 피와 병의 금기

크리스테바는 《공포의 권력》에서 싫은 것(기각작용)이나 싫은 것의 관점에서 구약성서에 보이는 금기를 분석한다. 음식이나 (특히 여성의) 피가 중심이 된다.

나는 젊었을 때 구약성서를 처음부터 읽어나간 적이 있다. 〈창세기〉 부분은 에덴동산이나 아브라함과 이삭의 이야기 등이 나오면서 줄거리에 변화가 생겨 점점 재미있어졌다. 〈출애굽기〉도 모세가 홍해를 건널 때 바다가 두 갈래로 갈라지는 이야기로 대표되는 것처럼 파란 많은 이야기가 재미있었다. 그런데 그것에 이어 〈레위기〉, 〈민수기〉, 〈신명기〉가 되자 아주 세밀한 지시나 금지의 규범, 숫자나 고유 명사의 나열로 문외한에게는 아주 지루했다. 특히 크리스테바가 문제시하고 있는 음식의 금기, "굽이 갈라지지 않은 동물"은 먹지마라 거나 "수중에 사는 것 중에 지느러미와 비늘이 없는 생물"도 먹지 말라는 기술은 무엇을 지칭하고 있을 것도 같고, 어떠한 합리적인 근거가 있을 것 같아 의심스러웠다. "염소새끼를 그 어미의 젖으로 삶지 말라"는 금지사항도 어설프게 멋부리는 것처럼 밖에는 생각할 수 없다. 그 비판다운 시선은 자신과 자신의 문화의 경계, 한계를 돌아보지 못하는 맹목에서 나왔는데 아무튼 크리스테바는 실로 그러한 〈레위기〉의 수수께끼를 명쾌하게 설명하고 있다.

그 설명에 따르면 바탕에 있는 것은 모세의 십계명중 6번째 계명인 "살인하지 마라"라는 명령이라고 한다. 즉 생/사의 이분법이 배경이 되고 있다. 그것이 인간에게 육식 동물이나 맹금류를 먹지 않도록(하는 것은 초식동물이나 일부의 어류를 먹는 것처럼) 조치하는 논리 구조로 옮아간다. 먹어도 좋은 것과 먹으면 안되는 동물, 청결한 동물과 그렇지 않은 동물을 구별하기 위해서는 통일적으로 적절한 '차이의 코드'를 세워야만 한다. 그렇게 되면 직감적인 정결함/더러움에서 벗어나 개개의 것들에서는 직감에 반하는 것까지 나오는 일람표가 결과적으로 만들어지게 된다. "청정이란 세워진 분류질서에 부합하는 것"이다. 하늘과 바다, 땅이라는 세 가지의 동물의 분류가 있는데 예를 들어 새라면 하늘(뿐)에, 물고기라면 바다(뿐)에, 벌레라면 대지(뿐)와 견고하게 연결되어 있어서 모두가 분류질서를 지키고 있기 때문에 청정해진다. 이에 비해 분류를 초월하는 동물은 무질서하기 때문에 부정해진다. 예를 들어 새우나 게와 같은 갑각류는 수중생물이면서 육상 동물처럼 다리를 갖고 있기 때문에 바다와 대지라는 복수의 영역에 걸쳐있게 되며 따라서 부정하다고 선언한다. 규약성서를 신앙이나 계율의 원천으로서가 아니라 읽는 자에게 있어서는 논리적이지 않게 들리는 것이다.

또 크리스테바가 여성으로서 정력적으로 분석하여 주장하는 것은 구약성서에서 피의 부정함에 대해서이다. 〈레위기〉에서는 남자를 출산한 여성은 7일간 부정하게 되는데 태어난 아기가 여자일 경우는 부정한 기간은 2주간으로 늘어난다. 남자아이에게는 생후 8일째 하나님과의 약속의 증표로 할례(남자 음경의 표피를 절제)를 실시한다. 유대교 이외에서는 여성의 할례를 행하는 경우도 있는데 유대교에서 이 명확한 남녀차별은 무엇 때문일까? 그것은 할례가 "부정이나 엄마 혹은 여자의 부정에서의 분리 수단"이기 때문이다. 크리스테바는 할례를 "선택받은 백성이 하나님과 행한 계약"으로 삼는 종교적 의의에 대해서는 그냥 지나쳐 버리고 그 성차별적 기능을 강조한다. 남성 성기를 둘러싼 표피를 일부 절제하는 것으로 남자는 '이성·부정·더러움'에서 자신을 벗어나게 해준다는 것이다. 태어날 때 그 탯줄을 자르고 아기를 엄마에게서 분리하는, 그 분리를 성기의 장소에서 반복하는 것이 할례이다. 유대교는 그렇게 하여 아들의 '엄마에서의 분리'를 증폭시키고 전이시킨다. 이 의식이 상징적으로 목적하는 것은 아들이 엄마에서 분리된 '말하는 존재'가 되어 있다고 하나님에게 증명하는 것이다.

마지막으로 병에 대한 금기인데 〈레위기〉에서는 표피에 종양이 있다거나 육체의 완전무결함을 보장해주는 외피에 장애가 있다거나, 한센병으로 몸 표면에 상처가 있는 경우 그것을 부정이라 한다. 이 경우 개인의 기본적인 경계인 표피가 더러워져 있기 때문에 청결을 상실한 것이 된다.

그럼에도 무서운 것을 크리스테바는 말하고 있다. 싫은 것이 '최고조로 경험되는' 것은 주체가 "자기 자신 안에 불가능성을 발견하는 경우", "주체가 자기 자신 이외에서는 있을 수 없는 것을 발견하고 불가능성이란 자신의 존재 그 자체인 것을 깨닫는 경우"라고 한다. 땅딸막하고 머리 벗겨진 노인인 나는 대답할 수 있는 말이기는 하다. 하지만 그것은 아직 들어가는 입구일 뿐, 좀 더 깊은 곳에서는 틀림없이 나의 '불가능성'이 기다리고 있을 것이라고 황송해 하며 예측한다. 그것은 거의 죽음과 동의어일지도 모른다.

제4절 글을 쓰는 자기변용

롤랑 바르트-창작의 시간성

작가는 예술작품을 만드는 사람을 의미하는데 좋은 소설가와 동의어로 사용된다. 글을 쓰는 모든 사람이 '작가'의 칭호에 알맞는지는 의문이다. 내가 경애하는 현대 이론가의 한사람, 프랑스의 롤랑 바르트는 콜레쥬 드 프랑스에서의 강의(《소설의 준비》로 간행)에서 작가의 창조성의 비밀은 "잡스러운 것이 없는 시간, 방해받지 않는 시간"에 있다고 지적한다. 창작에 집중하는 "부드러운 시간"을 확보한다는 것이다. 그 시간성 안에서 바르트가 말하는 "글을 쓰는 의지", 그것에 대해서는(메타의 차원에서) 말할 수 없으며 단지 현실에서 쓰는 일을 통해서 밖에는 표명할 수 없는 무엇인가가 작동한다.

소설가의 실감으로 등장인물이 생명을 얻어 등장인물 스스로가 활동하는 경우가 있는데 그때 소설가의 일은 가상의 세계를 만들어 내는 것보다는 함께 체험하고 살아가는 것에 있다. 나는 소설을 써 본 적은 없지만 이전에 저서 일부에 회화체를 사용했을 때 인물들이 각각 개성을 갖고 자기 맘대로 이야기하기 시작하여 작가인 나는 그것에 단지 쫓아갈 뿐이었던 불가사의한 감촉을 기억한다. 또한 창작과 상상력의 세계뿐만이 아니라 학문 연구의 세계에서도 재료를 단지 모아서 일정한 패턴에 집어넣으면 문장이 정리가 되고 책이 완성된다고 하는 것은 아니다. 찾는 물건과 기계적 생산의 능력을 요구하는 것이 아니라 심사와 숙고 안에서 다양한 소재가 시간과 함께 그때까지 보이지 않았던 길에서 서로 연결되어 어느 '그림'이 자연히 부상한다. 그러한 유기적이고 독자적인 생명을 갖는 시간, 숙성의 시간을 바르트는 창작의 시간성으로 다루는 것이다. 그가 제시하는 대가(大家)들과 나를 비교하는 것은 건방지지만 적어도 이 순간, 자신이 쌓아올리고 만져온 관념, 착상, 사상을 어떻게 하면 독자에게 알기 쉽고 또 자극적인 형태로 전할 수 있을까, 고민하면서 내가 어느 긴장한 시간을 살고 있는 것은 틀리지 않다. 그것을 창조라 부를 수 없는 것은 아닐 것이다(생각하면 이러한 창작성은 예를 들어 축구에서 판타지스터라 불리는 플레이어를 움직이게 하는 것은 아닐까? 물론 축구는 집단에 의한 우발성에 가득 찬 게임이니까 개인의 창의만으로 이루어지는 것은 무리인데 게임이나 속도를 조망하면서 다른 플레이어들의 움직임이나 감독의 전략을 예측하고 추측하는 것으로 극히 개성적인 게임이 만들어지는 것은 있다).

작가의 자기관리와 '철학의 위로'

다만 이 창조적 시간은 바르트가 교본으로 삼은 20세기를 대표하는 소설가 푸르스트가 그의 코르크로 쳐진 방에 틀어박혀 작품을 생산하던 사례만큼 속세에서 완전히 떠난 영역은 아닌 듯 하다. 창조적인 시간은 명백하게 파괴되는 것을 허용해서는 안되는데 '노동'을 마치면서 '박수를 치는' 것은 어쩔 수 없다.

그렇다. 소설가의 작업도 노동에 의한 재생산이라는 성격을 완전히 제거할 수는 없다. 그 외에도 또 바르트는 피하기 어려운 '관리'의 필요가 있다는 것도 인정한다. 어떠한 관리일까?

먼저는 '쓰여진 것의 관리'. 창조하는 의지와 창조하는 시간에서 작품이 만들어지고 그대로 온전할 수 있다면 좋지만 안타깝게도 그렇게는 되지 못한다. 타입의 형성(지금이라면 컴퓨터입력)이나 원고의 교정, 재판, 번역 등 일단 완성된 작품을 가공하고 편집하며 독자(소비자?)에 전달하기 위한 작업이 중간 중간 마다 들어가지 않으면 안되는데 이것은 창조 그 자체와는 이질적인, 적어도 직접적으로는 관련되지 않는 작업이다(왜냐하면 그것은 창조의 반복, 카피에 지나지 않으니까). 바르트가 인용하고 있는 프랑스 소설가 플로베르는 작품이 완성되면 다음의 작품으로 눈이 가버려, 처음의 작품은 이제 어떻게 되든 상관없다, 그것을 다른 사람에게 보이는 것은 '바보이기 때문에' 라고까지 말한다.

바르트는 프랑스 아카데미즘의 최고봉 코레쥬 드 프랑스의 교수였는데 자신의 강의도 창조 작업의 일부이면서도 서물에 비교하면 '창조성은 낮다'고 간주한다. 이것은 미묘한 판단이다. 나도 대학에서의 강의노트를 바탕으로 이 책을 쓰고 있는데 서물로서의 내적 일관성이나 밀도를 만들어내려 한다면 노트의 재료는 이른바 대폭적인 변형을 필요로 한다는 것을 실감한다. 반대로 일단 완성되어버린 서물을 그대로의 형태로 강의에서 수강생에게 '제시'(프레젠테이션)하려 한다면 어떻게 되겠는가? 시를 낭독하는 것처럼 될까? 그것은 적어도 친절이라고는 말할 수 없다. 또 바르트 같은 비평가가 영화의 시사회에 참석하는 일도 창조 작업의 일부이기는 하지만 그 핵심에서는 벗어난, 잘 '관리'하지 않으면 안되는 대상에 속해 있다. 거의 같은 문맥에서 인터뷰를 하는 것, 편지를 쓰는(지금이라면 메일을 보내는 것?) 것도 관리의 일에 속한다.

편지를 쓰는 것은 '사회적 주변의 관리'라고 말할 수 있다. 단순하게 비즈니스가 아니라 작가가 필요로 하고 있는, 좋아한다고 생각하는 사람들과의 '인간 관계'를 유지하기 위해서라도 아니 그렇기 때문에 바로 '관리'에 속한다. 왜냐하면 작가도 인간인 이상 자신이 존재하는 어느 공간을 자신에게 주는 좋은 의미에서의 '속박', 정서면에서의 '속박' 없이는 살아갈 수 없는데 창작이라는 '광기'는 모든 속박을 무리하게 잘라버리려 하기 때문이다.

바르트는 분명하게 말하지는 않지만 작가 중에는 창조자와 사회적 존재라는 두 가지 얼굴이 있을지 모른다. 명문을 생산하는 것은 작가의 천부적인 재능과 노력과 경험이겠지만 그것을 유지해주는 것은 그의 기력, 체력이며 일상생활이다. 천부적인 재능이 제대로 잘 움직이도록 자기 자신이 갖고 있는 재능, 자기매니지먼트 능력. 바르트가 말하는 '관리의 책무'는 재료를 모으기 위한 재료여행이나 집필의 체력을 단련하기 위해 체육관을 다니는 것도 포함될 것이다. 그러한 부수적인 '책무'에 바르트 만큼 초조감을 느끼지 못하면서 어떤 종류의 즐거움조차 내보이는 것은 아마 내가 보통 사람이기 때문일 것이다. 다만 대학에 근무하는 연구자로서 참기 어려운 것은 작금의 대학 교원의 교육 연구 이외의 업무가 많다 보니 학문적 생산성, 나아가서는 일본의 학술문화의 질에 손실을 끼치는 것이 적지 않다는 점이다.

카프카도 '너무 바쁜' 것을 싫어하고 '철학'하는 시간과 거기서의 위로를 절실하게 추구한 것 같다. 어쩌면 도시의 현대인이 '철학 카페'에 모이는 것도 카프카만큼 절실했는지는 차치하고 '철학의 위로'를 얻기 위해서일까? 좋은 자기변용의 길은 그 만큼 좁다.

이 장에서는 자기변용의 도정을 보다 자세하게 추적하면서 거기서 어떠한 계기로 방향이나 발걸음이 변화하는가를 살펴봤다. 그것을 나는 '전기'라 부른다.

돌아보면 문학적인 토픽이 많았다. 미츠우라 모토코의 단가는 아버지와 딸의 갈등이라는 영원한 주제와 청춘의 양지를 전하였기에 독자로서는 공감하기 쉬웠던 것은 아닐까? 롤랑 바르트의 창작론이나 자기관리론은 작가의 작업실에 초대받은 것 같은 인상을 주는데 이것도 또한 개인적인 친밀함을 가지고 그렇게 한 것이라고 생각한다. 이것과 비교해 보면 크리스테바의 정신분석적인 이론은 좀처럼 머리에 들어오기 어려웠을 것이다. 무엇보다도 문학이 아니라 문학의 이론이다. 그렇지만 우리들이 보통 무의식적으로 따르고 있는 사고의 체계나 사회의 룰, 그것이 어떻게 완성되었는지를 아주 분명하게 인식하는 것은 중요하다. 사회나 문화의 '전기'에 대해서 알고 그 지식을 자신이나 사회의 변용에 피드백해가는 일이다.

과학의 토픽도 있었다. 패러다임이라는 언어는 여기저기서 쉽게 사용되고 있다. 그것은 그것으로 좋지만 제2절 〈창조에 대하여〉에서는 과학론으로 패러다임이라는 언어가 사용되도록 된 과정을 꼭 독자에 소개하고 싶었다. 우리들의 '신념'이라는 것은 무엇인가, 다른 '신념'과 만나고 거기서 자신이 변하는 것은 어떠한 사건인가. 여기에는 많은 이야기가 있으며 힌트와 교훈이 있다. 이공계의 독자들도 과학을 이러한 각도에서 보는 것 역시 가능하다는 것을 알았으면 한다.

제4장
누구(무엇)에 의해 변용하는가
-주객반전론

미야자와 겐지에게는 《첼로를 연주하는 고쥬》라는 단편소설이 있다. 그림책에 이어 영화나 희곡으로 몇 번이나 사용된 인기 작품의 하나이다. 주인공 고쥬는 마을에서 떨어진 거의 다 망가진 수차가 있는 작은 집에서 살면서 오전은 밭일, 점심에는 마을의 활동 사진점(영화관)에 가서 첼로를 연주하는 것이 그의 일이었다(무성영화 시대는 영화관에서 활동변사가 해설하고 오케스트라나 밴드가 반주를 했다). 그러나 고쥬는 악단원 중에는 가장 실력이 없었고 게다가 그렇게 아끼던 첼로의 상태가 좋지 않았기 때문에 항상 악장에게 혼났다. 악단이 마을의 음악회에서 발표하는 〈제6교향악〉 연습에 한창이던 때, 고쥬는 악장에게 호명까지 당하면서 기분 나쁠 정도로 질책을 당했다(표정이 없다, 다른 악기와 맞지 않는다 등). 굴욕에 눈물을 흘리면서 집으로 돌아온 그는 한밤중까지 쓰러질 정도로 연습한다. 내일도 또 그 다음 날도. 그렇게 연습을 하자 매일 밤 각기 다른 동물이 등장하고 고쥬에게 이것 저것 연주를 주문하여 그를 화나게 하기도 하고 말문이 막히게도 했다. 슈만(Robert Alexander Schumann, 1810~1856)의 트로이메라이(Traumere)를 연주시켜 감동하는 고양이. '도레미파를 정확하게' 가르쳐주려고 와서 고쥬의 첼로에 맞추어 목에서 피를 토할 각오로 계속해서 울어주는 멋드러짐. 작은 북으로 함께 연주 하면서 두 번째 현의 부조화를 지적하는 너구리. 첼로의 진동으로 자신의 아이가 치료받고 고쥬에게 빵 쪼가리를 얻어먹는 들쥐의 모친. 고쥬는 쥐의 말을 듣고는 처음으로 자신의 첼로에서 나오는 진동을 안마 대신으로 삼아 많은 동물이 그의 침상아래에서 치료받고 있는 것을 알아차린다. 그리고 음악회의 당일 밤, 〈제6교향악〉은 성공하고 앵콜에 지명당한 고쥬는 앵콜 연주로 악단전원이 감탄할 정도로 발전된 기량을 보여준다. 악장은 '몸이 좋으니까 이러한 것도 할 수 있는 것이지. 보통 사람이라면 죽어버렸을꺼야'라고 말한다.

소질이 없던 고쥬는 동물에게 조롱당하거나 쓴웃음을 짓게 하기도 하고, 마음을 졸이기도 하고 화를 내거나 보복하거나 하는 겨우 일주일 사이에 '어린 아이'의 약함을 벗고 '군병'의 강인함을 체득한다. 이것은 픽션에서만 가능한 기적적인 성공이야기이며 상승적인 자기변용의 일종이라 말할 수 있다. 그렇지만 사람과의 경쟁에 흥미가 없는 주인공은 동료를 되돌아보는 것에 아무런 생각도 없으며 단지 '오늘 밤은 좀 이상한 밤이군'이라고 생각할 뿐이다. 나는 또 이러한 것도 생각한다. 고쥬를 찾아온 동물 중 고양이, 너구리새끼, 쥐 부자는 불쑥 또 얼굴을 내밀겠지만 오로지 구도적인 멋은 어쩌면(〈한밤중의 별〉에서 한밤중의 별처럼) 하늘을 날아간 채로 돌아오지 않는 것은 아닐까? 따라서 돌려줄 수 없는 멋과의 만남과 이별을 고쥬는 후회하면서 이야기는 끝나는 듯 보인다.

꼭 집어 말할 수는 없지만 이것 저것 생각하게 만드는 《첼로를 연주하는 고쥬》인데 본 장의 서두에 이 고찰을 마련한 것은 변용이 누구로부터, 무엇으로부터 시작하는가에 주목하고 싶었기 때문이다. 밤마다 찾아오는 동물들의 발걸음에 고쥬는 싫다고 하면서도 거기에 말려들어가 자신의 의지와 상관없이 실력 향상을 강제 당했던 것일까? 그는 무엇을 통하여 성장할 수 있었을까? 괄목할만한 그의 성장 모습은 원래 동물들의 레슨 덕분이라고 정말로 말할 수 있을까? 마지막 악장의 말을 떠올려보자. "보통 사람이라면 죽어버릴" 정도로 매일 밤 실시한 맹연습이, 그 착실한 강한 의지가 바로 그의 첼로 연주의 극적인 향상을 가져다 준 것은 아니겠는가?

이렇게 생각하면 자기변용에는 문법용어에서 말하는 능동(태)과 수동(태) 이 둘의 양태가 있을 수 있다. 그로부터 자극을 받아 휘말려 변용하는가(수동), 자신의 의지로 나아가 변용하는가(능동) 하는 구별이다. 더하여 인도, 유럽 어족 중에서도 고전 그리스 말에 '중동태(中動態)'라는 문법이 있다는 것에 주목하고 싶다. 중동태(또는 중동상)란 주체가 단지 일방적으로 운동하는 것이지만 일방적으로 받는 것만이 아니라 행위의 결과가 주체 자신에게 돌아와 주체가 변하는 점에 특징이 있다. 중동태는 영어, 독일어, 프랑스어 등에는 존재하지 않는데 억지로 말하면 재귀동사가 여기에 가깝다. 자신을 움직인다거나 자신을 속인다거나 혹은 자신(의 손 등)을 씻는다거나, 개개의 자기변용의 현상은 각각 주로 능동태, 혹은 주로 수동태라는 것은 물론 있을 수 있는데 개인적인 견해로는 인간에게 중요한 많은 변용은 중동태 적이다. 다시 한 번《첼로를 연주하는 고쥬》로 돌아가 보자. 고쥬는 확실히 어느 동물들의 다채로운 주문에 내몰린(수동) 반면, 그것에 응하여 그들을 바꾸기도 (능동)했는데 변한 그 효과는 다시 돌아와 그 자신도 변용했다(중동, 재귀), 즉 동물들의 응접에서 첼리스트로서 성장하면서 인간의 폭이 넓어진 것을 놓칠수 없다. 이 장에서는 능동-수동-중동 그 서로 얽힌 양상을 해결할 것이다.

제1절 밖에서의 힘입음—수동은 권유

물리적 행위에서 능동과 수동은 분명하게 구분된다. 사람을 때리는 것은 능동이며 맞는 것은 수동이다. 자동차로 사람을 치는 것은 능동(가해)이며 당하는 것은 수동(피해)이다. 이것은 동물적 차원의 알기 쉬운 것의 연장선상에 있다. 포식하는 것은 능동으로 생존하는 찬스를 주는 것에 비해 포식당하는 것은 수동이며 존재 자체가 소멸하는 것을 의미한다. 약육강식을 떠나 인권이 보호되는 사회적 문맥에서의 행위가 되면 그 행위는 누군가로부터 누군가에게 이루어지고 있는가, 책임은 누가 지는가, 그 화살표의 방향을 쉽게 단정할 수 없는 것도 늘어난다(공격에 대한 정당방위의 예를 보라).

밖에서 충돌하고 안에서 충돌한다

인간사회에는 동물의 세계에서는 보이지 않는 다층적으로 얽힌 힘의 관계가 전개된다. 첫째로 어떤 일을 지시하는 군대나 사회조직의 지시, 명령에도 거부감 없이 따라야만 하며, 또한 도리에 맞지 않는다고 믿는다면 하위자가 자신의 직이나 생명을 걸어 거부하는 일(즉 능동성을 발휘하는 일)은 가능하다.

문화적 의미의 영역이 되면 수동, 능동의 관계는 "엮이는 줄처럼" 잘 잘맞춰져 있다. 세뇌당해 마인드컨트롤 되어 괴뢰도당처럼 수동적으로 움직이는데도 자신의 신념으로 활동한다고 생각하는 종교 신도도 있다면 소비주의적인 크리스마스 문화에 휩말려 저녁의 레스토랑 예약에 바쁜 젊은 남성도 적지 않다. 이렇게 말하는 나 자신도 예외는 아니다. 어딘가에서 얻은 지식이나 생각지도 않은 착상이 묘하게 마음에 들어와 분명한 검증 없이 그것을 진리처럼 기술하고 전한다거나 말싸움에 지고 싶지 않은 마음에 나중에는 부끄럽게 생각되는 논리를 세우거나 했던 것은 그다지 옛날로 돌아가지 않아도 되는 젊을 때의 기억이다.

현대의 서양형 사회의 전제가 된 개인주의나 자유주의에 의하면 성인이라면 한 사람 한 사람이 독자적인 의사나 견해를 갖고는 그러한 것에 기초하여 행동하는 방침이 있다. 그렇지만 우리들은 과연 그러한 구별이 확실한 행위주체, 동작의 주인에게 언제나 익숙한가? 자주성을 가지라고 설교를 하는 것도 아니다. 오히려 개인의 자주성, 능동성이란 앞에서 기술했지만 타인의 능동성이나 그 외의 요인과 복잡하게 얽혀 전체로서 하나의 모양을 이루는 것이며, 많은 경우 그 정도로 단독으로 존재하거나 작용하거나 하는 것은 아니라고 말하고 싶다. 예를 들어 내가 누군가에게 '영향'(영어로 어펙트)을 받을 때 나는 그 작용에 의해 변해버리며 그것은 실로 몸이 병원균에게 '침입당하는' 것과 같은 변화라 생각할지도 모른다. 그러나 잘 생각해보면 몸의 약한 면역계나 그 외의 불리한 조건이 정리되어 비로소 몸은 병원균을 거부하지 않게 되는데 이는 마치 주사바늘이 물리적으로 침입하는 것처럼 일방적인 침입을 허가하는 것은 결코 아니다. 즉 일정한 조건이나 환경 아래에서 어느 상호 작용의 결과로서 '감염'이 실현되는 것이지 몸이 그냥 수동적인 것은 아니다.

사상적인 '영향' 관계에서는 더욱 그러하다. "문전에 사는 어린 동자가 배우지 않은 경을 읽는다"는 속담은 보다 좋은 환경의 중요함을 가르쳐 준 것인데 독경을 습관적으로 듣는 모든 '어린 동자'가 경을 외우는 것은 있을 수 없다. 영향을 받은 주체는 수동이라고 보이면서도 그 수동성 안에는 이미 주체의 선택성, 능동성이 들어 있다. 특히 그 '영향'에 납득하고 느긋하게 생각하는 경우는 애당초 수용하는 바탕이나 준비가 있다고도 추측할 수 있다. 일종의 만남. 그 때가 바로 "메마른 사막에 물이 들어가는" 것처럼 선열한 효과가 생길 것이다. '췌탁 동시(啐啄同時)'라는 선종의 언어도 떠올린다. 즉 태어나려고 하는 병아리가 알 껍질을 안에서 부수는 것과 어미 새가 그것을 도와 바깥에서 부수는 것, 그 타이밍이 잘 맞아떨어졌을 때 껍질은 잘 깨져서 병아리는 무사히 태어난다. 능동과 수동의 밸런스. 그것이 선의 깨달음에 비유된다.

문화적 의미의 영역에서 영향이 생겨나기 위해 받아들이는 쪽의 참여가 필요한 것은 다음과 같은 점에서라고 말할 수 있다. 즉 수면에 떨어진 돌을 맞는 물이 그 충격을 매개로 전해주지 않으면(그것이 바로 물로 흘러 가버리면) 파문이 남지 않는 것처럼 영향을 받는 쪽(주체)에게 그 작용을 갖는 것의 동조능력과 '머무름'이 없다면 영향이라 부를 만큼의 흔적은 이 세상에 남지 않는다.

수고하여 배운다.

동물은 주위를 관찰하고 인식하면서 행동하는데 약한 동물의 경우 그것은 주로 외적을 피하기 위한 것이며 포식자에 서 있는 동물에서는 주로 포획물을 찾기 위해서이다. 관찰을 위한 관찰, 인식을 위한 인식은 인간만일 것이다.

또한 인식이나 욕망의 주인공으로서 떨치는 기쁨은 인간이라도 극히 일부에게 주어진 특권일지도 모른다. 우리들의 대부분은 자신이 오히려 '타인의 눈길'에 위축되는 것을 느끼는 것에 놀라며 머리가 쭈빗한다. 여성이 '약한' 존재라 간주되는 사회에서는 음흉한 눈으로 보며 '욕망의 객체가 될 수 있는 자신'을 여성은 어쨌든 발견하지 않을 수 없을 것이다. 그러나 여성을 욕망의 대상으로 보던 남성이 어느 날 다른 남성의 욕망의 대상이 되어 있는 일(스스로의 수동성)을 알아차릴 때 '눈길'의 게임은 다른 양상을 띠게 된다.

고생하는 것을 성장의 기회라 여기는 것은 예로부터 이상한 일도 아니었다. 현대에서도 인기 있는 어느 그리스 희곡《앙티고네》에 "우리들은 피해를 당했기 때문에 죄를 범했다는 것을 배운다"고 하는 대사가 있다(그리스어의 심플함은 복잡한 해석을 필요로 하는데 일단 이렇게 번역하자). 몸에 스며들어 알고 배운다는 것은 당한다, 고통스럽다는 것과 하나이다.

수고나 당하는 것과는 조금 다르지만 하이데거의《존재와 시간》은 인간을 '기투'와 '피투성'의 양 측면에서 파악한다. 기투란 인간이 세계의 사물, 사상을 이해하면서 미래를 향하여 여러 가지 가능성을 던지는 일(능동성의 측면)이다. 이에 비해 피투성은 아침에 일어났을 때의 기분을 자신이 고를 수 없는 것처럼 일정한 '정태성'을 갖는 것으로 세계 내에 던져져 있는 일(수동성의 측면)이다. 데카르트의 "나는 생각한다. 그러므로 존재한다"가 선언한 근대적 주체성의 주장에 '반대표'를 던졌다고 해도 좋다. 인간은 반드시 자신이 생각한대로 생각하거나 행위하거나 하는 존재로 성립한 것은 아니다. 이중으로 고통받으면서도 의기양양한 존재로서 세계에 서면서 그 제약에 부응하여 여러 가지 '기투'를 시도할 수 밖에 없다.

하이데거 후기 사상의 시작을 고한다고 하여 사후에 출판된《철학으로의 기여》에서는 철학적 인식의 제일보로서 "이해를 행하는 인간의 변용"이 일어난다고 한다. 그러할 때 근본적인 기분(정태성)은 경탄스럽다. 경탄은 익숙해진 행위에서 생각지도 않게 뒤로 물러나 "모습을 감추고 있는 무엇인가"가 접근해오는 그 개방성에 몸을 맡긴다. 하이데거의 말은 예를 들기에는 어려운데 무엇이든지 아는 기분이 드는 생활에서 "아! 그런 것이었는가!"하는 기분(경탄)이 계기가 되어 창조성으로 비약이 생기는 것을 말하려고 한다. 또 그 안에서 '지속'(지속하는 것)이 자라난다고 하는 것에도 주목하자. 기존의 노선을 따라 점점 전진하는(능동)

것이 아니라 "모습을 감추고 있는 무엇인가"를 알아차리는 것에 지속적으로 귀를 기울이는 것. 그 안에서 참된 성장과 변용이 일어난다.

헤겔의 주인과 노예론—공포와 감염

난해한 독일 철학자를 계속해서 언급하여 미안하지만 마르크스가 높게 평가하는 헤겔의 '주인과 노예'의 논의(《정신현상학》)는 여기서 꼭 소개해 두고 싶다. '주인'에 대한 '노예'의 외포(畏怖)와 그럼에도 불구하고 주인에게 가까이 다가가 봉사하는 것에서 오는 주인에 대한 '감염'과 극복, 자립이 포인트가 된다.

헤겔이 말하는 주인이란 구약성서의 신 여호와를 이미지하면 될 것이다. 여호와는 생살여탈권을 상징하는 존재이다. 압도적인 주인의 권위와 위력 앞에 노예는 오직 몹시 두렵고 겁을 내며 위축되어 주인에게 봉사한다. 주인에 의해 이리저리 흔들리면서 노예가 가진 기존의 것, 안정된 것이 철저하게 동요되며 유동화되어 간다. 이것은 상술한 하이데거의 '경탄'이 일으키는 사태와 같다. 노예는 여기에서 모든 주체성을 박탈당한다. 이 얼핏 어떠한 구원도 없는 수동의 상태가 그것을 '지속하는' 가운데 저도 모르는 사이에 반전하며 새로운 주체를 탄생시켜 버린다. 마르크스는 세계사에서 반복적으로 퍼져가는 계급투쟁의 결과 즉 학대받아온 임금노동자 계급이 자본가 계급의 지배를 덮어버리는 순간을 거기에서 봤다.

마르크스의 설이 '주인과 노예'의 해석에 어디까지 도움이 되는지는 차치하고 노예의 반전 공격의 기본적 자원은 다른 것이 아닌 주인의 절대적인 강함, 노예를 부복시키는 강함에 있다. 여기에서 노예가 내부에 갖고 있던 협잡물이 다 소진되고 노예는 규율을 이식당해 견고하게 단련 당할뿐 아니라 지근거리에서의 봉사를 통해 두려운 주인의 본질이 월경하여 노예를 '감염'시켜 버린다(노예가 자립하여 주인과의 우열관계를 역전시키기 위해서는 노동에서 자기표현력(능동성)을 발휘하는 계기도 불가결하지만 그 점은 다음 절로 미룬다). 헤겔은 말 그대로 '감염'이라는 말을 사용하고 있는데 '감염'이라는 수동이 새로운 능동을 만들어내는 메카니즘을 전혀 설명하지 않는다. 마르크스의 계급 투쟁관에서는 이 수수께끼는 더욱 풀기 어렵다. 그것보다도 오히려 '닮음'이 바로 혁명을 낳는다고 하는 쿤의 과학혁명론(제3장 제2절)이 좋은 힌트를 준다.

노예가 주인에게 '감염'되는 일은 이른바 동일시나 동일화와 같은 것은 아니다. 후자는 예를 들어 아버지를 존경하여 아버지처럼 되려고 하는 것이다. 이에 대해 이 '감염'은 철저한 거리감, 이질감을 전제로 한다. 예를 들어 "신은 위대하지만 자신은 비루하고 추하다. 그러나 지상에서 신을 대변하는 신자로서의 자신은 위대하며 이교도를 살해해도 용서된다"라는 사고법. 혹은 장시간 유인, 감금당한 피해자가 보통은 생각할 수 없는 동정이나 연대감을 범인에 대해 품어버리는 '스톡홀름증후군'도 죽음과 함께 있는 농밀한 공간과 시간을 공유하는 것에서 생기는 '감염'의 메카니즘에 따르고 있는 것은 아닐까? 반대로 페루의 일본대사 저택 인질사건[01]에서 일어난 것처럼 범인이 피해자에 공감하며 이해하려고 하는 '리마증후군'도 알려져 있다. 또한 정신과 의사인 나카이 히사오(中井久夫)도 치료 방법론의 일환으로 환자에 의도적으로 '감염'되는 것, "환자가 하는 말의 내용을 단순하게 받아들이고 환자가 말하는 음정, 음조, 억양, 환자의 표정과 자세에 맞추는" 일, 다른 말로 '파장 맞

---

01 1996년 12월17일 페루의 수도 리마에서 발생한 투팍 아마루 혁명운동 단체(MRTA)에 의한 테러사건으로 주페루 일본대사공저습격 및 점거 사건이다. 다음해 4월22일 페루 경찰이 투입되어 사건이 해결되었는데 4개월 이상이나 걸렸다.

추기'에 대해 말하고 있는데 그 결과 "치료자의 신체가 뒤틀리는 부작용이 발생하는 일이 있다"고 하기 때문에 정도가 심하다(中井久夫,《환자와 사회》).

밀착에서 자립으로

화제를 전환하여 이제 막 태어난 어린 양에게는 엄마 양이 몇 시간이고 몸을 핥아주는 것이 필요하다고 한다. 엄마 양으로부터 떨어져 이 '온 몸을 핥아주는' 경험을 갖지 못한 어린 양은 설령 그 후 엄마 양 곁으로 오고 겉모양은 정상이고 성장, 보행, 모자 관계에서 변한 것이 없다 해도 다른 양들과 상호작용(함께 놀거나 하는 것)이 불가능하며 놀이 방법을 배우는 힘도 없으며 외톨이로 있다고 한다(마투라나·발레라,《지혜의 나무》). 칠리의 생물학자 마투라나의 이 학설에 따르면 핥아주는 것으로 촉각적, 시각적 자극, 나아가 필시 화학적 접촉이 부여되어 그 효과로 비로소 어린 양의 '신경시스템'은 정상으로 자라난다고 한다.

이 이야기를 '주인과 노예'로 결부시키는 것은 불가능할까? 주인이 위엄으로 가득 차 그러나 단순하게 폭력적이 아니라 자기 감정과 자기의식을 촉발하고 촉진하는 시선에 내몰리는 것은 엄마 양이 '핥아주는' 것에 적어도 부분적으로는 닮은 것은 아닐까? 보이는 '노예'는 처음에는 두려워서 겁을 먹을지도 모르지만 점차 '자기'로서의 인식과 힘을 축적하고 그 과정에서 한꺼풀 벗겨 자립하도록 되는 것은 아니겠는가? 공포가 사람을 기르고 자립시키는 메카니즘은 키무라 사다히코가《자폐증의 현상학》등에서 말하는 '시선촉발'의 개념으로 설명할 수 있을지 모른다. 즉 사람은 눈길이나 소리(부르는 소리), 스킨쉽을 반복적으로 함으로써 처음으로 세계안에서 자신의 윤곽을 부여받고 있는 장소를 자각하고 그것이 안정적인 자기와의 관계를 쌓는 첫 일보가 된다고 주장한다. 수동에서 능동으로, 당초는 곤란한 반전의 프로세스, 인간의 성장 과정이 여기에 있다.

숭고와 스프랏타(splatter)

수동의 상태에서 시작되어 주체가 성장할 때 '저장고를 만든다', '잠재력을 쌓는다'라고 하는 점에서 칸트가 《판단력비판》에서 전개한 '숭고'론은 헤겔이 묘사한 '주인에 대한 외경'과 일맥상통한다.

원래 사람은 무엇을 숭고라 느끼는 것일까? 장대하게 늘어선 암벽. 아득한 높은 곳에서 흘러 떨어지는 대폭포. 번개와 왠지 스산한 천둥을 동반한 아주 캄캄한 짙은 구름. 분화하여 검붉은 마그마를 내뿜으면서 연기를 하늘 높이 분출하는 화산. 눈을 의심하게 만드는 높이로 솟아올라 방파제를 넘어 밀려와 집들을 전부 초토화시켜 버리는 쓰나미. 일본인에게는 비통하면서도 친숙한 광경일 것이다. 그러나 문제는 사람을 위험에 내모는-나이아가라 폭포에 떨어져 죽은 일본인 여성도 있다-이러한 자연현상에 대해 왜 우리들은 단순하게 '위협당해', '두렵게' 느끼는 것이 아니라 '숭고'를 찾아내어 매료되는 것일까?

칸트는 숭고가 성립하는 대전제에 보는 주체의 '안전'이 보장되어 있는 것을 두면서 다음과 같이 기술한다. "그러나 이러한 조망은 우리들이 안전한 장에 있고자 한다면 두려워할 만한 것이면 것일수록 점점 마음을 끌어 당긴다". 만약에 지금까지도 악의를 가진 자가 밀어 떨어진다면 세계에서 첫째가는 나이아가라 폭포의 장대함을 일부러 선택하는 사람은 없다. 안전한 장소에서 일정한 거리를 두고 감상하는 여유가 있는 경우에만 장대함은 매력적인 것이 된다.

다음으로 칸트는 지적한다. 실은 숭고한 것은 자연대상이 아니라 그것을 숭고라 느끼는 인간(의 정신)쪽이다. 우리들이 절벽이나 화산, 천둥이나 쓰나미를 숭고라 부르는 것은 그러한 것들이 "영혼을 일반적인 것 이상으로 훨씬 강하게 하여 우리들 속에서 어느 완전히 다른 종류의 저항하는 능력을 발견시키고, 이 저항하는 능력이 자연의 외견상 전 위력에 필적할 수 있는 용기를 우리들에게 주기 때문이다". 자연이 우리들을 초발시키고 자연에 맞서는 우리들은 최대한의 힘을 끌어낸다. 자연의 '전 위력'과 인간의 '강한 영혼', '저항하는 능력'이 호적수로서 균형을 이루고 있다고 할 수 있을지도 모른다. 인간에게 본래는 부정적인 의미를 갖는 것이 긍정적인 것으로 전환한 불가사의함에 대해 칸트는 숭고는 '불쾌한 것에 대한 유쾌'라고 표현하고 있다.

그래서 퍼뜩 깨닫는 것이지만 현대의 도시문화는 어느 면에서는 숭고에 가까운 어느 종류의 감정을 상업적인 스타일로 만들고 소비하고 있는 것은 아닐까? 그것은 자연을 앞에 두었기 때문이 아니라 영화관에 가서 스릴러나 호러라 불리는 장르의 영화, 혹은 피로 얼룩진 스프랏타 영화를 감상할 때이다. 숭고의 경우와 마찬가지로 관객은 스크린에서 연기되는 참극을 거리를 둔 안전한 자신의 자리에서 즐긴다. 다만 영화의 '공포'는 인위적으로 증강되고 각색되어 있다. 관객의 긴장을 어떤 식으로 점점 높여가고 어디서 갑자기 비명을 지르게 할지는 제작자의 계산과 관련되어 있다. 노예의 역전의 비밀이며 숭고의 특징이었던 힘의 '저장'도 칸트가 말하는 '영혼의 강함'도 스프랏타에서는 전혀 다를 것이다. 2천엔으로 가볍게 즐기는 패턴화된 자기변용, 스트레스를 발산할 수 있는 숭고의 격추형태라 하면 애호가들에게 질책을 당할까?

제2절 일과 노동—능동의 킥오프

노동은 사람을 성장시킨다

앞에서 약간 언급했는데 '노예'가 '주인'을 극복하는 존재로 성장하기 위해서는 상술한 '외포'와 '봉사'만으로는 충분하지 않다. 강하고 자립한 존재(주인)를 가까이서 접하면서 규율을 주입하고 또 주인에게 세세한 일상적 봉사를 통해 주인을 완벽하게 모방하는 기회를 제공받는다 해도 노예 자신이 주인에게 필적하는 자립적 존재로 변모할 리는 없다. 이 결여된 제일 마지막의 방점을 찍어주는 것이 헤겔의《정신현상학》에서 말하는 '노동'의 역할이며 마르크스 등 후세의 사상가는 여기에 주목한다.

헤겔의 노동관은 인간의 가치나 본질이 노동에 의한 생산물로 표현되고 반영된다는 것이다. 거기에 주인과 노예와 '물질'을 포함하는 두 종류의 지배, 피지배의 관계가 있다.《정신현상학》의 〈자기의식〉장, 유명한 '주인과 노예' 부분을 해설하면 다음과 같다.

(a)주인→(초연하게 컨트롤)→물질→(종속시킴)→노예

정신적 지배의 차원(a)에서 보면 주인은 대체적으로 물질적인 것을 상대하지 않고 거기에서 초월해 있다. 그 의미에서 주인은 '물질'을 상회하고 이것을 제어할 수 있다. 한편 노예는 주인과 달리 물질적인 것에 집착하고 그 영향력에 묶여있다(종속해 있다). 따라서 노예는 '물질'보다 하위에 서 있다.

(b)주인→(지배·착취)→노예→(가공·제어)→물질
   └──→ (향수·소비)────────────────↑

　한편 물질적 지배, 생산과 향수의 차원 (b)에서는 먼저 주인은 그 권력으로 노예를 노동시키고 노예는 '물질'을 생산한다. 헤겔의 이해에서는 소재로서의 '물질'은 노동에 의해 생산물로서의 '물질'로 전환하게 된다. 즉 노동은 물질을 '가공'한다. 가공이란 소재로서의 '물질'이 갖고 있는 인간에 역행하는바, 인간에 이용될 수 없는 것을 버리며 그것을 인간이 이용할 수 있도록 고쳐 만든다. 다시 말하면 '물질'은 제어하는 것인데 헤겔은 그것을 '물질'의 부분적인 '부정'이라 설명한다. 이 점에서 노예는 (b)에서는 '물질'을 제어하고 그 위에 있다. 다음에 주인인데 주인은 이른바 착취의 입장에 서 있다. 그는 노예가 땀 흘리며 생산한 '물질'을 수탈하고 고생하지 않으면서 그대로 향수하며 소비한다. 그것은 '물질'을 완전히 소실시키기 때문에 순수한 '부정'이라고 헤겔은 간주한다.

　위의 설명은 '주인'과 '노예'와 '물질'을 둘러싼 노동의 기본적 도식을 설명한 것으로 여기에서 노동의 변증법이 시작된다.

　주인은 그러나 지배하고 착취하는 입장에서 좋은 일을 한 것처럼 보이지만 생산물을 단지 소비하기만 할 뿐, 인간적 성장은 바라볼 수 없다. 소재와 고투하면서 자신의 본질을 거기에 새기고 소재를 생산물로 바꾸며 그래서 표현된 성과를 맛본다고 확신하는 노동의 기쁨은 주인에게는 인연이 없다. 이에 반해 노예에게 강요된 '노동'은 '방해된 욕구'이며 '강압적으로 저장된 소실'이라고 헤겔은 말한다. 노동은 억제(방해)를 필요로 한다. 욕구하는 대로 소비한다면 '물질'은 금방 '소실'되기 때문에 생산물로서 남지 않는다. 이 '유지', '공포와 감염'의 핵심이기도 했던 이

유지를 통해서 '노예'는 단련되어 물질적 차원에서 일을 이루어내고 역량을 보여주며 나아가 정신적인 지배의 차원에서도 선명하게 변용, 성장해서 '주인'과의 지위를 역전시킨다.

유지하는 모럴?

여기에서는 수동에 대해 '능동'을 대표하는 인간의 활동으로서 노동의 의의와 역할을 헤겔의 시점에서 분석했다. 헤겔에 대해서는 여러 가지 많은 이론이 나올 것이다. 그는 인간의 활동을 폭넓게 '외화(外化)', 즉 표현행위로 파악하여 노동도 그 하나라고 생각한다. 그러나 예를 들어 장인이 도자기를 제작하고, 농민이 벼를 기르는 '노동'에 대해서는, 헤겔의 말이 더욱 정확할지도 모르겠지만 서비스라는 형태가 없는 상품을 제공하는(생산에 직접적으로는 연결되지 않는) 노동은 현대 사회에서는 헤겔의 시대 보다 중요한 지위를 차지하고 있다. 편의점에서 일하는 아르바이트 학생은 헤겔이 말하는 '노예'처럼 극적인 변용을 이룰 수 있는 것일까? 나아가 방금 '상품'이라고 했는데 마르크스라면 자본주의적 상품경제 아래서의 생산은 노동 소외로 이끌뿐 이라고 비판할 것이다. 헤겔의 '외화'라는 개념은 독일어로서는 '소외'에 아주 가까운 말인데 마르크스에게는 자본주의의 폐해에 그다지 무비판적이고 너무 낙관적인 용어라 보일 것이다.

그러한 비판은 인지하면서도 노동에서의 '외화'와 '유지'의 계기를 지적하는 헤겔의 논의는 지금까지도 우리들에게 중요한 것을 가르쳐 주는데 적어도 자기변용을 논하는 것에서는 경청하기에 충분하다고 나는 그렇게 믿고 있다. 다만 '유지'에 대해서는 어쩌면 과도한 모럴, 설교냄새가 난다고 느껴서 경계하는 독자도 있을지 모른다. 이 지점에서 떠오르는 것은 동일본대지진 당시 일본인다운 참는 강인함이나 규율을 칭찬하는(자찬?) 목소리 옆에 생존에 관한 중대한 국면에서의 '수동성', 공공을 향해 발신하는 노력이 약하다는 것을 걱정하는 소리도 들려왔다(어느 타이의 유학생은 그러한 수동성은 타이 사람의 기질이라고도 했다).

그렇지만 단순한 인내나 포기에는 찬성하지 않는다. 사람과 사람의 유대, 친구와의 유대, 사회 상황이나 자연환경과의 유대 안에서 우리들의 '수동'과 '능동'이 발생하며 또 그러한 유대가 상호간 중첩되면서 시간적으로 변해가는 것이다ㅡ 그 과정성에, 그리고 그것을 한편에서 지지하는 주체의 책임(저장)이나 유지에 나는 주목하고 싶은 것이다. 그렇다. 주체는 과정속에서 타자와 교섭하면서 변용해간다. 주체가 타자로부터 받아들이는 것(수동)과 주체가 타자를 움직이게 하는 것(능동)도 그 국면만을 다룬다면 수동 혹은 능동과 판별될지도 모른다. 과정 전체 안에서는 '서로 엮어서 짜는 실처럼' 복잡하게 얽혀있다.

이러한 예로 알 수 있을까? 내 연구실에서는 학생을 주체로 하는 독서회, 스터디가 많은데 교원 역시 멤버의 한 사람으로서 대등한 자격으로 참가한다. 어느 독서회에 참가하지 않겠는가고 학생들이 나에게 말을 걸어왔다. 그러한 국면에서 나는 나에게 말을 걸어주는 것을 받아들이는 수동적 존재에 지나지 않는다. 그렇지만 그 독서회에서 다루는 철학자는 거꾸로 생각해보면 이전에 내가 연구하면서 교양서에서 해설한 적이 있는 인물로 학생들은 그것을 알고 있다. 즉 일찍이 나의 연구, 출판 활동(능동성)이 지금의 나에게 참가하도록 말을 거는 행위로 연결되는 면이 있다. 일찍이 내가 뿌린 씨앗이 이처럼 자라나 나에게 보답하고 있는 것이다.

이상과 같이 생각한 경우 능동과 수동에의 이분법은 불충분하다. 실제로 인도 유럽어족에게는 능동태와 수동태 이외에 '중동태(中動態: 행위의 결과가 주어 자신에게로 돌아오는 재귀적 용법)'라는 형식이 있는데 이것에 대해서는 다음에서 소개하겠지만 에밀 벤베니스트[02](Emile Benveniste, 1902~1976) 라는 언어학자는 수동태보다 중동태 쪽이 먼저 존재했다고 추측한다(《일반언어학의 문제들》). 그리고 능동태의 경우 주어에 해당하는 것은 '단적으로 일을 행한다'에 대해 중동태의 경우 주어에 해당하는 것은 '스스로도 그 영향을 받으면서 일을 행한다'와 구별하고 있다. 앞의 독서회의 예로 말한다면 일본어에서 "나는 책을 썼다"라고 하면 그것은 어떠한 변용도 없는 능동태로 나는 집필, 공간이라는 행위를 '단적으로 행'했다는 것일 뿐이다. 만약 일본어에도 중동태가 있어서 '나는 (그 결과가 나에게 옮겨오는 것 같은 형식으로) 책을 썼다' 라고 표현할 수 있다면 나의 집필, 공간은 '스스로에게 영향을 받으면서 행'한 것이 된다. 이것이 바로 앞 단락에서 내가 말하고 싶었던 것이다. 자기변용의 철학의 관점에서 말한다면 능동도 수동도 모두 중동태로 환원할 수 있지 않을까 싶다.

많은 독자에게 그러나 중동태 개념은 익숙하지 않을 것이다. 이제부터 천천히 그 중요성과 철학적 함축을 가슴에 새겨 넣어 줄 수 있다면 하고 생각한다.

부등교(不登校)를 '묻는' 자유는 누구에게 있는가?

롤랑 바르트의 《소설의 준비》로 잠시 돌아가 보자. 제3장 제4절의 〈글을 쓰는 자기변용〉에서 본 것처럼 바르트는 창작의 시간을 침식하는 '관리' 일을 싫어했다. 그러나 관리는 '거부'할 수 있는가? 어렵다고 그는 대답한다. 왜냐하면 거부한다는 말은 문법적으로는 타동사로 분류되어

---

02 언어학자로 16세에 소르본느대학에서 고전어, 인도·유럽어학을 수학했다. 소쉬르 언어학의 계승자이며 프랑스 구조주의를 대표하는 학자로 디스쿠르(discours; 談論)라는 개념을 명확히 밝힌 것으로도 알려져 있다.

무엇인가를 거부하게 되어 있는데 중요한 것은 행위가 향하는 누군가이다. 예를 들어 '문을 열어서는 안된다'라고 할 때 문 자체보다도 누구에 대해 '열어서는 안된다'가 중요하다. 프랑스 말이라면 '누군가를 문에 관해서 거부한다'라는 의미가 된다. 바르트가 '관리'의 예로 드는 '편지 쓴다'는 것에 대해 말하면 아무리 창작에 집중하려 해도 '편지 쓰는 것을 거부하는' 것은 쉽지 않다. 왜냐하면 그것은 편지에 관해 '누군가'를 거부하는 것을 의미하기 때문이다. '거부한다'는 것은 능동이며 자신의 의지로 자유롭게 할 수 있다. 현실에는 거부된 '누군가'의 얼굴이 떠올라 나의 거부의 의지는 수그러든다. 창작의 시간을 지우고 한숨을 쉬면서 편지를 써버리는 것이다.

누군가를 문에 관해 거부한다―일본어로서는 부자연스러운 이 문형을 볼 때 나는 이전부터 신경이 쓰이던 '부등교'를 둘러싼 어느 증언을 떠올렸다.

오사카대 임상철학과에서는 의료, 복지와 함께 교육을 필드로 삼아왔다. 그 과정에서 제기된 문제나 활동기록은 임상철학 활동을 홍보하는 책자시리즈《임상철학의 매체》, 나아가 임상철학연구실의 연보에 해당하는《임상철학》에 수록되어 있다.

일본의 학교교육의 현상과 문제점을 '부등교'의 각도에서 생각할 때 고교 시절 '부등교'의 경험을 가진 학생(이하에서는 A씨라고 부른다)이 임상철학과 대학원에 입학했다. 이제 일본에서도 유수의 대학의 대학원생이 된 A씨는 학교교육의 레일에서 일단 벗어난 당시의 자신이 안고 있던 괴로움을 회고하면서 이렇게 말한다. 학교에 '가지 않으면' 이라는 기분과 '가고 싶지 않다'는 기분에 끼인 자신이 있다. 그러나 '가고 싶지 않다'고 말하는 자신의 기분을 인정하는 것은 용기가 필요한 일이다. 지금이라면 '왜 학교에 가지 않으면 안되는가' 라는 물음을 자신에 대해서도, 고등학교나 부모에 대해서도 할 수 있을 것이다. 그 물음을 던질 수 없었던 것이 당시 자신의 괴로움이었다.

A씨의 말을 직접적으로 인용해보자. "묻다 라는 것은 당연 물음을 듣는 상대의 존재를 생각하지 않으면 안된다고 봅니다. 왜냐하면 아이가 묻는 그 상대란 대개 아이와 동등한 장소의 사람이 아니라 힘이 위에 있는 상대이기 때문이죠. 그 상대에게 묻는다는 것은 대단한 '힘'이 필요한 것으로 그 힘이라는 것이 아이 혼자만으로 생겨나는 방법이 있는지, 그것에 대해서는 저는 아직 모르겠습니다."

회고하고 있는 시간의 간격을 의식하면서 '묻지' 못했던 자신을 돌아보고 있는 이 투철한 문장을 읽고 '누군가(X)를 문에 관해(Y) 거부한다'는 문형을 다음과 같이 겹쳐봤다. 고등학교 1학년 무렵의 A씨는 '어른들(X)'을 '학교 제도에 관해(Y)' 묻는 힘을 갖지 못했다. 이 불발된 물음의 구조를 '심문'과 비교해보면 좋을 것이다. 권력, 권위를 갖는 것은 '용의자(X)'를 '어느 범죄에 관해(Y)' 심문하거나 '생도(X)'를 '학력, 공부태도에 관해(Y)' 심문하거나 한다. 그것은 형사나 교사의 직책이며 권력, 권위이다. 묻는다는 것은 본래는 쌍방적으로 묻는 자와 물음을 받는 자가 교체가능하기 마련이다. 심문은 일방적이며 심문자는 '물음을 되돌려준다'는 쌍방향에서 보호되어 있다. 고1의 A씨는 '심문'에 대해 마음이 불편해서 학교에 가지 않게 되었는데 심문에 대해 당시에는 '왜 학교에 가지 않으면 안되는가?' 라고 다시 묻는 쌍방향성을 발견할 수 없었다.

'물음'을 이끌어내는 교육 현장

묻는다는 행위는 쉽지 않다. 말하는 것은 원래가 쉽지 않다. 말하기란 상대의 표정을 읽고 상대의 반응이 어떻게 돌아올지를 예측하면서 입을 열어 발화하는 것으로 자신의 발화에 자신이 귀를 귀울이면서 말하는 것이다. 말하는 것은 전기의 스위치를 넣는 것 같은 일방적인 행위가 아니다. 내가 말하는 능동적 주체라고 하기 보다는 나라는 장(場) 안에서 '말하기'라는 사태가, 과정이 생겨나 변해간다. 그러니까 중동태와 닮은 형태를 갖는 라틴어는 '말하기'를 능동태가 아닌 중동태적으로 표현한다. 말하기가 자기변용이라고 한다면 말할 수 있게 된 나의 자기변용이라는 것과 동일하게 듣는 사람들을 하나로 포섭하는 한자리의 자기변용임에 틀림없다.

그러면 임상철학과의 대학원생이 되어서 '부등교'를 '묻는' 힘을 얻은 A씨는 어른들(교사나 부모들)에 질문한다. 단순하게 말하면 기본은 '왜 학교에 가지 않으면 안되는가'라는 물음(의문)이다. 그리고 '고1 당시의 나는 왜 그 물음을 물을 수 없었는가'라고 자문하면서 주위를 환기시키고는 "당신들 교사나 부모는 내가 그 물음을 묻는 것을 왜 가능하게 해주지 않았는가?"라는 질문(고발?)으로 변한다. 또한 그것은 과거에서 현재로 옮겨 "그러면 오늘날 고교생들은 물을 수 있는 환경에 있는가"라는 물음(문제제기)의 자세를 취한다.

앞의 문형을 또 사용한다면 '어른들(X)'을 'A씨(고1)의 있었던 물음(되물음)을 불발로 삼은 것에 관하여(Y)', 혹은 '현재의 중고생들에게 있을 수 있는 물음(되물음)을 만들어내는 조건을 만들지 않은(결과적으로 물음을 억압한다=부작위) 것에 관하여(Y)' 물으려 했다. A씨 자신의 말로 하면 이렇게 된다. "묻는다는 것에 의미가 있습니다. 그것은 무시당해야만 되는 것이 아니라고 하는 가치관이 침투해있지 않으면 어린이로부터의 물음은 생겨날 수가 없는 것은 아닐까요? 물음이 생기고 그리고 그것이 표현가능하기까지 되는 것은 실로 교육의 덕택이라는 느낌이 듭니다. … 그렇게 물음의 한 토막을 던지는 상대가 나타난 경우 어떻게 하는 것이 필요한지를 주위의 어른들은 생각하지 않으면 안된다고 지금의 나는 생각합니다". A씨의 물음은 등교하지 않는 사태의 바닥에서 조용히 일어나 서는 것이지 사람을 책망하는 것을 첫째로 삼는 것은 아니다.

그렇다고 해서 이상과 같은 A씨의 출구에 대해 혹은 롤랑 바르트적인 '거부'-A씨적인 '물음'의 문형에 대해 머리를 갸우뚱하는 사람도 있을 것이다. 왜냐하면 '거부'-'물음'의 구조는 타자에 대한(피해자의) 고발(accuse, 변명요구)이며 라틴어에서 말하는 대격(accusative)인데 이 일방적인 협소함에 피해자 자신이 묶이는 것은 아닌가 하고 A씨와는 별도의 각도에서 다시 묻는 것이 가능하기 때문이다. 이 새로운 전개를 다음에서 보도록 하자.

자신을 활용하는 기술

예를 들어 (1) '부등교'에 대해서는 학교에 갈 수 없는(라기 보다는 가지 않는다) 것에 조금도 고민하지 않고 자신이 있을 곳의 다수성(어디에 있어도 좋다)을 믿고 있는 학생도 존재한다. 내가 자기변용론의 수업에서 만난 어느 학생(B씨)은 고교생 시절에 '수업료를 내고 있는 것은 이쪽'이라 생각하고는 그 날에 등교할지를 아침이 되어 자신이 결정한다고 했다. '학교에는 가지 않으면 안된다' 라는 규범의 내면화란 처음부터 인연이 없는 것(젊은이가 말하는 '천연'의 느낌)이기에 A씨가 말하는 규범에 대항하는 특별한 '힘'도 필요 없다는 것이다. 다만 제도상 공중에 붕 떠있는 그러한 요정과 같은 여유를 학교에 가지 않는 모든 자들이 갖고 있지는 않다.

다음으로 (2) B씨가 A씨에게 조언하고 싶었던 것은 말로 어른에게 '묻는' 것이 무리라면 비언어적인 '물음'법을 시도하여 자신의 절박함을 조금이라도 완화시키고 다른 방향으로 바꾼다면 어떤가 하는 것이었다. 공부를 강제하려고 하여 강하게 나무라는 선생님에 대해 B씨는 '오로지 콧노래 부르기를 계속한 적도 있었다'고 하니까 상당한 변화이지만 그것은 반항심을 위한 것이 아니라 '그렇게 하고 싶어서 그렇게 했다'고 한다. 예술가의 영역에 상당히 거리가 먼 고교생이라도 자신의 몸도 그렇고 무수한 도구도 갖고 있기 마련이다. 그것을 동원한다면 언어로 어른과 대치한 때와는 약간은 다른 감정이나 사고, 자기가 생겨나는 가능성이 있는 것은 아닌가?-그렇게 딱 잘라 말하는 B씨의 어른다운 말씨에 교원인 내가 배운 듯 했다. 누가 주이고 누가 종인가가 고정되어 있지 않은 수업, 누구라도 주가 될 수 있는 자기변용론의 수업, 자기변용의 이념을 현실에서 실현해 갈 수 있는(다른 수강생도 포함하여 전체가 변용한다)수업, 을 실현할 수 있었다는 것에 감사했다.

그리고 내가 끝으로 말하고 싶은 것은 (3) A씨가 '물음'을 돌리기 시작한 어른들도 돌부처가 아니라 그들 사이에서도 상당히 차이가 있기 마련이라는 사실. 제도의 고정성, 우월성에 아무런 의문도 갖지 않는 사람들도 있다면 어른의 역할을 우선 '연기하여' 보여주는 '흔들림'을 내포하고 있는 사람들도 있다. 그러한 의미에서 어른들을 한데 묶어 고발(변명요구)당하는 측에 전부 세우는 것은 공정하지 않다. 학교 교육과 갈등하는 젊은이가 실로 자신을 활용하는 환경을 만들어내는 것으로 이어지지 않는다. 이러한 견해도 있을 수 있지 않은가? 더 한발짝 나가면 이것은 학교 교육에 순응하고 있는 듯 보이는 학생들, 우등생들의 문제와도 관련된다.

우등생이야말로 구원하지 않으면

현대 일본의 학교 교육이 안고 있는 갈등을 전범위에서 다루는 준비와 지면은 여기에는 없다. 교육에 관하여 놓치기 쉬운 한 문제에 주목하여 본 절에서 정리한다.

임상철학과에서는 그 후도 교육 문제에 대해 깊이 있게 다루고 있는데 당사자의 생각을 공유하려고 하는 임상철학다운 테마선택이라고 생각이 드는 것은 '우등생'론이다. 앞에서 다룬 부등교하는 아이의 경우와 마찬가지로 여기에서도 임상철학과 대학원생(C상)이 논의를 이끌어 주었다.

C씨는 초등학교 시절 반의 담임에게 특별한 상장을 받고 '배려없는 담임에 대한 분노와 왠지 모를 굴욕감을 느꼈다'고 한다. 상장을 받고 왜 굴욕감을? 1년 동안 한 번도 결석하지 않은 학생에게는 보통 상장이 수여되는데 C씨는 초등학교 6년간을 모두 개근했기 때문에 그 학생만이 특별한 상장을 받은 것이다. 그것 때문에 '우등생이라고 놀림을 당한 경험'을 했다. 그 자신에게는 6년간 학교를 결석하지 않았던 것은 '실은 말하고 싶지 않은 일'이었다. 우등생은 '자기 부정감' 때문에 학교로부터는 칭찬받는 행위를 하고 있는 자신을 '어딘가 경멸당하거나 부끄럽다고 생각하거나 한다'고 말한다.

이 C씨의 글을 읽은 임상철학과의 혼마 나오키(本間直樹) 교수는 푸코를 인용하여 다음과 같이 말했다. "우등생으로 평가받는다는 것은 학교생활을 보내는 학생들에게 고통을 주는 자들의 협력자라는 레테르"를 붙여준 것이다. 이 평가는 사실은 학생 본인을 향해 있는 것이 아니다. 서열과 평가를 지지해주는 자를 다른 사람의 앞에 세워둔다고 하는 관리의 기술이다. 푸코의 독자라면 이것을 '가시화(可視化)'에 의한 권력이라 부르고 싶어할 것이다(《다큐멘트 임상철학》).

C씨(초등학교시절)의 체험에 대한 혼마 교수의 '관리의 기술'의 설명도 잘 맞는다고 생각한다. 그렇지만 나에게 약간의 보류가 남는 것은 다음의 이유 때문이다.

부등교에 관한 A씨의 '물음'에 대해 기술한 것처럼 우등생론에서도

'대격'적 발상 그 자체를 다시 한 번 백지상태로 돌리는 것은 불가능할까? 규범을 내면화하여 '관리'에 부여해버린 것의 자각과 그러한 우등생으로서 타인(다른 학생?)의 시선으로 내몰리는 것에 대한 고민을 C씨는 말하고 있는데 원래 자발적으로 면학이나 등교하는 것 자체의 기쁨은 있을 수 없는 것일까? '관리에 춤추는 우등생'으로서의 자기 자신을 자각하고 대상화하는 것(대격적 시선)이 새로운 보이지 않는 강박이 되어 있는 가능성은 없는 것일까? 소박 혹은 대략적인 말이 되겠지만 무언가 그러한 원점, 배우고 자라는 자주성의 원점(그것이 이 절에서 말하는 능동인지, 혹은 다음 절에서의 중동에 해당하는 것 인지는 차치하고라도)을 믿지 않는다면 학교 교육이 집단교육이라는 것을 전부 부정하고 거기에 모든 희망이나 변혁의 맹아를 금하는 것이 되지 않을까? 인간의 생명이나 생활이란 '대격'성에서는 불거져 나오는 허용을 좋든 싫든 동반하고 있는 것은 아닐까?

'좋은' 대학에 진학하고 '좋은' 대학의 교수를 하고 있는 사회적으로 봐도 '우등생'의 한 사람일지도 모르는 나, 정말로 고통스러운 '자기변용'을 지금까지 아마도 맛보지 못한 나-그 미천한 생각을 스스로 경계하면서 다시 한 번 위에서처럼 묻고 싶다.

제3절 과정대로 변하는 주체 —중동의 회귀

'말하는 주체'의 생성

앞에서 우선 소개한 것처럼 산스크리트어나 그리스어 등의 인도 유럽 어족에는 능동태, 수동태와 함께 '중동태'가 있다. 자신이 동작 주체가 된다는 점에서는 능동태와 같은데 동작의 결과가 자기 자신에 작용하여 돌아오는 점에 중동태의 특징이 있다. 근대 서구의 언어로 여기에 가까운 것을 찾는다면 프랑스어의 대명동사(재귀동사)를 사용한 '자신의 손을 씻는다'(se laver les mains) 등의 어투가 떠오른다. 씻는 것은 자신이지만 씻은 결과가 나에게 돌아오는 것이다. 다시 벤베니스트를 인용한다면 능동태에서는 '동사는 주어에서 출발하여 주어의 밖에서 이루어지는 과정을 보여주는' 것임에 비해 중동태에서 동사는 '주어를 자리로 삼는 과정을 보여주고 주어는 과정 안에 있다'고 해석된다.

라틴어에서 '말하기'를 의미하는 동사는 로꾸오르(loquor)라 하여 수동태의 형태인데 능동태의 의미를 갖는 형태가 바뀐 종류의 동사의 하나였는데 벤베니스트는 이것도 중동태의 설명에 이용한다. 왜 '말하기'는 능동태가 아닌가? 우리들은 어릴 때부터 언어의 훈련을 거듭하여 교양을 쌓고 시행착오를 반복하면서 '이야기'하는 것에 숙달되어 간다. 그렇게 해도 남 앞에서 말하는 것을 싫어하는 사람은 적지 않다. 또 이야기를 아주 잘하는 사람이라 해도 모든 언어를 반드시 계산에 넣는 것도 아니고 '입을 따라' 나오는 것이며 본인 조차도 입에서 나온 말에 놀라거나 자신의 입을 닫고 싶거나 한다. 말하기는 확실히 화자에서 발화하는 것이면서 발화되는 내용은 반드시 제어되지 않는다. 말하기는 발생하는 것이다. 말하는 주체는 자신이 말하는 것에 귀를 귀울이면서 과정 안으로 자기 자신을 흔들리게 한다.

이 주제를 소설에 적용하여 롤랑 바르트는 시사 하기에 충분한 고찰을 전개한다. 바르트에 의하면 '주관성의 에크리튀르(ècriture)', 예를 들어 로망파의 소설은 '능동적'이라 말할 수 있다. 왜냐하면 그러한 소설에서 동작주체인 소설가는 '에크리튀르의 과정 내부에 있는 것이 아니며 그에 앞서' 있으며 '자기 자신을 위해서'가 아니라 '외부에 이미 존재하는 어느 인간을 위해' 쓰고 있기 때문이다. 이에 반해 현대 중동태의 작가는 이른바 쓰는 그 순간에 구성되고 실현된다. 푸르스트의 화자는 그 전형적인 예라고 한다. "그는 생각나는 듯 한 자세를 취하는데 단지 쓰는 것에 의해서 밖에는 존재하지 않기" 때문이다.

쾌를 반추한다－로보트가 할 수 없는 것

현대에는 마음의 존재에 회의적인 사람이 많다. 뇌신경의 운동이 마음이며 그것 외에 마음은 없다고 생각한다.

어느 철학자가 '수조뇌'라는 사고실험을 했다. 뇌를 꺼내어 배양조에 넣고 잘 배양하면서 신경세포에 전극을 통하게 하고는 고성능 컴퓨터로 조정한다. 이 경우 수조뇌의 주인(?)은 의식을 움직여 여러 가지 일을 경험한 것으로 되어 있는데 그것은 모든 컴퓨터에 의한 조작의 산물에 지나지 않는다. 이 사고 실험에서는 다른 것이 아닌 외계의 인식이 문제가되는 듯 한데, 전극을 통한 조작은 쾌감을 자극하는 것에도 사용할 수 있을 것이다. 쾌를 기억하는 뇌의 부분을 적절하게 지속적으로 자극해주면 지속적인 쾌감을 주고 불쾌감은 제거하게 한다. 이것이 가능하다면 낙원에 있는 듯 하지 않겠는가?

이러한 쾌에 대한 사고실험이 가능하다 해도 많은 의문이 생긴다. 예를 들어 인간에게 쾌란 무엇일까? 확실히 뇌의 각 부위의 특성은 상당히 해명되었다. 어느 부분을 자극하면 어느 감각이 생긴다거나 반대로 어느 감각이나 감정이 생긴 때에는 뇌의 어느 부위가 활성화되어 있다거나 뇌와 마음, 뇌와 신체의 사이에는 인과관계라 부를 수 있는 밀접한 관련이 확인되고 있다.

이러한 발견을 바탕으로 뇌파를 전기신호로 변환시켜 기계를 직접 조작하는 '브레인 머신 인터페이스'(BMI)라 불리는 기술이 개발되고 있다. 일상적 동작이나 커뮤니케이션이 곤란하게 된 난치병 환자에게는 낭보이다. 이러한 기술을 상념기술이라고도 한다. 그러나 뇌파를 잡아 신호로 바꿀 수 있다 해도 휠체어를 움직이는 방향(좌우)이나 커뮤니케이션 루트를 조작하기 위한 기본적 선택지(예스, 노), 비교적 심플한 종류에 한정되어 있다. 다시 말하면 현시점에서 사념을 읽어낸다고 해도 이른 바 동물적인 차원정도 밖에는 캐치할 수 없고 정말 인간적인 마음의 차원, 문화적이라 하기에 적합한 차원(시를 짓는 것 등)은 기계로 대체할 수 없는 것은 아닌가?(개발자들은 처음부터 그 정도의 목적을 가지고 있지 않았을 테지만).

앞에서 내가 확장한 '수조뇌'의 가정은 단순한 쾌락주의의 레일을 달리고 있다. 인간의 행복을 뇌의 생리학적 상태로 반영할 수 있는 심리적 상태라 간주하여 의심하지 않는 입장이다. 그러나 아리스토텔레스는 달랐다. 어린이는 행복하게 될 수 없다고 그는 생각했다. 왜냐하면 행복이란 그 사람의 전 인생을 되돌아보는 것을 전제하기 때문이다. 하이데거도 인간적인 폭을 중시한다. 쾌라는 감정은 보통 저급한 것으로 분류되는데 "쾌는 어떤 사물로 향하며 또 어느 사물에 대한 쾌이며 항상 동시에 유쾌함이며 인간이 자기를 즐기는 것으로 경험하는 방법, 다시 말하면 스스로가 유쾌하게 존재하는 방법"(《칸트와 형이상학의 문제》)이라고 그는 말한다.

"자기를 즐기는 것으로 경험한다"고 하이데거가 말할 때 그 재귀성에서 중동태의 테마가 나온다는 것을 독자는 알 것이다. 쾌감 자극만이 주어져 자연스러운 장면에서는 쾌의 원천이 되기 마련인 '경험'이 동반되지 않는다면 중동태가 성립하지 않는다. 수조뇌는 사람이 아니다. 일종의 로봇으로서만 상정하는 의미가 있다. 로봇이 쾌나 고통을 느끼는 레벨까지 인간에 가까워졌다고 해도 그 쾌에 도달한 프로세스를 반추하여 유쾌함을 바꾸는 능력은 로봇에는 결여되어 있다. 영원히.

비인칭의 공간(1)-무엇이 '생각'하는가?

잠자는 일은 인간 활동의 한 부분이지만 능동이라고는 말할 수 없다. 마찬가지로 성행위에서 '느끼는' 것도 그러하다. 그러한 행동에서는 오히려 내가 완전한 주체는 될 수 없다. 비이칭 차원에서 발생하는 것이라고 말해야 할 것이다. 이것은 내가 다섯 가지의 관계성의 하나로 들었던 '자연관계성'과 관련된다. 다른 말로 한다면 인간은 '변용'뿐만이 아니라 변화하지 않는 것, 이라기 보다는 '섭동(攝動)[03]하면서 원상태로 돌아오는 것'이 바탕에 있다고 여길 필요가 있다. 그것이 '자연'일 것이다. 자연의 리듬없이 우리들은 건강하게 '만드는' 것도 '변하는' 것도 불가능하다.

여기에서 다루는 중동태는 재귀동사와 관계가 깊다. '재귀성'이라는 것은 사람의 근원, 사람이 개체로서는 아직 미분화, 혹은 (기묘하게 들리겠지만) 거의 찾기 어려운 분화이기 때문에 타자와 중첩되는 상태를 전제로 하고 있는 것은 아닐까?

'나는 생각한다' 라고 데카르트가 선언한 근대 유럽의 언어에서도 이상할 정도의 비인칭적 표현이 남아있다. 예를 들어 영어의 오래된 혹은 시적인 용법에서는 '나에게는 생각이 든다'를 me thinks 라고 한다. 즉 think라는 동사가 수동적 혹은 중동적인 의미로 사용되어 있으며 현대의 주류가 '생각하다' 라는 타동사적(능동적) 용법인 것과 대조적이다. 이 경우의 think는 원래 seem(~라고 생각된다)의 의미였다고 하며 또 me는 여격(나에게 있어서)을 나타낸다. 마찬가지로 독일어에 '나에게는 생각이 든다'는 es dunkt mit 라고 한다. 이 es는 비인칭의 '그것'. 즉 막연한 '그

---

03 섭동이란 태양계의 천체가 다른 행성의 인력으로 인해 타원 궤도에 약간의 변화를 일으키는 것으로 비교적 작은 다른 힘이 작용하여 원래의 운동을 약간 변화시키는 현상을 말한다.

것'이 나에게 무엇인가를 '생각하게 한다'라는 의미가 된다. 다만 이 생각하게 '한다'를 문법적으로 설명하면 '사역'이 아니라 '자발'의 용법인 것 같다. 그것은 나에게 왠지 이러이러하다고 생각이 든다는 의미로 이해된다. 문법 설명이 너무 자세하여 미안하지만 우리들이 '생각하고' 있는 것을 이해하려고 한다면 이 주변의 길은 필요하며 유익하다.

이어서 말하지만 생각하는 think라는 동사는 어원적으로 '자기 자신에게 나타나 보이는 cause to appear to oneself'를 의미한다. 이것은 확실히 중동태적, 재귀적이다. 논문이나 에세이에서 사용되는 '~라고 생각된다' 라는 애매한 말투가 나는 싫었다. '나는 ~라고 생각한다' 라고 왜 단정하지 않는가? 책임회피가 아닌가? 그러나 위의 고찰을 생각해보면 '사물을 생각한다' 라는 것은 반드시 능동형은 아니다. 자신을 무엇인가(고대어로서의 '사물', '원령')에게 양도되어 있는 상태, 무엇인가에 '의존하고' 있는 상태라고 말할 수 있는 것은 아닐까? 다만 '사물'에 자신이 양도되는 것을 허락하는 계기 같은 것도 있을 것이다. '나에게는 담배를 피우고 멍하게 있는 시간이 필요하지'라고 어떤 학창시절의 친구는 말했다. 그는 어떤 의미에서 '미분화'의 상태로 돌아가는 것으로 자신을 다시 바로 잡고 있었을 지도 모른다. 헤이안 시대(平安時代, 794-1185)의 '조망하다' 라는 말도 생각난다. 오랜 비가 내려 오랫동안 오지 않는 애인을 메랑콜릭하게 '생각하는' 여성. 반대로 우리들도 그 한사람인데 생각하는 것을 일로 삼는 사람의 일은 '사물'에 자신이 양도되는 좋은 조건을 '사물'과 거래하면서 자신이 만들어 내려고 한다. 사고하는 훈련. 데카르트의 자손. 이때 사고의 산물은 보다 제어되어 있으며 자기에게 돌아가는 재귀성은 보다 강하게 된다.

비인칭의 공간(2)-사물과의 대화

타자의 것과 자신의 것을 구별할 수 없는 깊은 공간이 내 속 깊은 곳에 있다. 거기는 '내'가 다양한 타인의 '환상'과 접하며 대화하면서 자신을 찾는 대화와 교류와 발견의 공간이다. 돌아가신 아버지의 행동이나 언동을 상기하면서 자신의 지금을 돌아보며 이제부터를 생각한다. 돌아가신 삼촌이 수첩에 비망록을 기록해 놓았던 일, 그것이 매일이 아니라 주요한 일(예를 들어 결혼하여 얼마 지나지 않은 내가 어린 아이를 데리고 방문한다)의 기재는 한정되어 있다는 것을 떠올리고 숙부에게 그러한 사건이나 사람들의 의미, 그리고 그러한 사람들(예를 들어 나)을 숙부는 어떻게 생각하고 있었는지를 '직관적'으로 안다. 나아가서는 그것을 자기 자신의 삶의 방식으로 돌려 자신이 쓴 일지에 대해 '매일이 아니라 숙부처럼 중요한 일만 기록해도 좋겠지' 등 진취적으로 생각한다. 그렇다. 그것은 몰두하는 공간이며 시간이며, 그것은 자기의 것이기도, 타자의 것이기도 하며 또 그 어느 쪽의 것도, 누구의 것도 아니다. 비인칭성이다.

그것은 니시다 기타로가 "내 마음 깊은 심연에 있는 기쁨도 걱정의 파도도 도달하지 않는다고 생각해"라고 읊은 '심연'과 공통점이 있겠지만 일체의 파도와 바람에 영향 받지 않는 거기까지 부동의 경지가 성립하는지에 대해서는 의문이 있다. 그렇다고는 해도 니시다처럼 (의식화되지 않는 술회의) 노래를 짓는 것은 그 비인칭의 공간·시간으로 내려오는 것임과 동시에 그것을 표현하는 것이다. 노래를 짓지 않는 사람에게는 비망록을 기록하는 것이 같은 역할을 다하는 일이기도 하다. 이렇게 하여 중동태가 갖는 기능의 단면이 분명해진다.

동양의 '자연'은 인간에게도 있는 그러한 비인칭의 보편적인 공간이었으며 인간은 거기에서 배운 것은 아닐까? 그럼에도 서양의 전통은 그것을 인간적인 것으로 받아들여 대자화하고(기분, 정념 등으로), 인간에서 분리시켜 의인적으로 대자화한 것은 아닌가?―그리스의 경우는 '신들'이나 신들이 인간에게 불어 넣어준 정념 등으로서. 유대, 크리스트교의 경우는 악마에 유혹당해 그것에 결박당하는 죄의 부분으로서.

카이바라 에키켄(貝原益軒, 1603~1867)의 《양생훈(養生訓)》은 "사람의 몸은 부모를 근본으로 하고 천지를 시초로 한다. 천지부모의 은혜를 받아 태어나고 또 길러주는 내 몸이라면 나는 내 것이 아니다"라고 말한다. 자신의 건강도 자신 혼자로 완결하여 획득할 수 있는 것이 아니라 천지 부모와 연결되어 있다. 자신혼자 '하고 싶은 대로'(이것도 《양생훈》에 자주 나오는 말) 할 수 있는 것이 아니다. 따라서 개인주의적인 발상으로 자신을 처단하는 것(자살하는 것)등 에키켄에게는 논외일 것이다. 자애의 근거는 자신의 밖에 있다. 반대로 말하면 자기를 사랑하고 자기를 케어하는 것은 타자나 천지 부모를 사랑하여 케어하는 것으로 직결된다.

다른 이야기 인데 집요한 음주에 빠지는 것을 '주당' 또는 '알콜 중독자'라고 경멸하듯 부르는데 마치 본능처럼 고정적, 영속적으로 바뀔 가능성이 없는 자라고 취급하고 싶은 생각이 거기에 있다. 그렇지만 사람은 술을 단순하게는 마시지 않는다, 라는 것을 아는 것도 중요하다. 단순하게 술에 달려가는 것이 아니다. 적어도 어떤 술에 빠진 사람은 자기와 이른바 대화하면서, 스스로 도전하면서 재귀적, 반성적으로 마신다. 예를 들어 대주당으로 자타가 공인하던 부친의 아들이기 때문에 '아버지처럼은 되지 않을거야' 하고 다짐하며 애쓰면서 마시는 것처럼. 그렇게 해서 '마신다'는 것이 정당화된다고 생각하지는 않지만 말이다. 한편 음주가 단순하게 개인의 취미나 기호가 아니라 사회적으로 마시는 동기를 부여받으면서 정당화되는 면도 있다. 제도적, 관습적으로 강요당한다고 해도 좋다(그 경우 음주는 능동 혹은 중동이 아니라 일종의 수동이 된다). 성인 남자라면 술을 마시는(마시게 되는) 것이 당연하다거나 사람은 슬퍼서 술, 기뻐서 술을 마신다거나. 지금의 사회는 좋고 나쁨은 별개로 치고 술을 포함하여 기호로서의 도덕적 규제가 강화되고 있다.

현장에 어떻게 '임할 것인'가—사례론과 함께

임상철학은 시미즈 데츠로(清水哲郎)의 《의료현장에 임하는 철학》(Ⅰ·Ⅱ)과 그의 임상윤리 연구에서 많은 것을 배웠는데 그 임장성의 파악에 대해서는 약간 다른 이론(異論)을 제기해왔다. 지금 중동태라는 당면한 주제에 입각하여 재론한다면 임상철학자는 의료현장을 단순하게 거울처럼 반영하여 중립적으로 기술하는(능동) 것이 아니다. '언어'를 의료자들과 함께 찾아내고 만들어내는 것인데 그 기술은 의료자들에 다소 영향을 주면서 임상철학자 자신에 다가간다(중동). 왜냐하면 '의료현장'은 의료자와 환자가 의기투합하여 의료행위가 이루어지는 미크로의 장소라는 것으로 다 설명할 수 없다. 또한 임상윤리학자가 홀로 제삼자로서 참여 할 수 있는 것도 아니며 매크로적으로는 사회의 모든 구성원에(따라서 기술주체에게도) 열려진 장이기 때문이다.

반복하지만 임상철학자가 그것을 '기술'한다고 하면 그것은 단적으로 의료자에 봉사하기 위해 이루어지는 것은 아니다. 앞에서 언급한 언어학자 벤베니스트는 산스크리트어의 어떤 동사의 예를 들면서 사제가 신도를 위해 신전에서 희생을 바칠 때는 능동태이며 자기 자신을 위해 희생을 바칠 때는 중동태로 말한다는 것에 주의를 촉구한다. 그것과 마찬가지로 임상철학자도 의료현장에 어떤 형태로든 참가하면서 자기 자신도 그 기술의 은혜와 영향을 받는 자로(중동) 의료현장에 대해 이야기할 것이다. 확실히 의료자의 전문성과 전문 용어는 있는데 의료자 자신도 사회인으로서 그리고 인간으로서 그 전문성을 초월하는 것이 불가능하다면 현장의 문제는 해결되지 않는 부분이 많다. 의료자를 포함한 대화 (윤리카페 라는 것도 있다)의 진행자로 하여금 의료자 자신에게 임상윤리 의 문제(예를 들어 중도장애아의 연명조치를 거부하는 부모에게 어떻게 대처 할 것인가)를 일상적인 문맥으로 치환하게 하면(예를 들어 장애란, 가족이 란) 의료자에게도 또 진행자에게도 발견이 있다.

이 문맥에서 임상철학에 관련되는 '사례'론에 대해 말해두자(졸고, 〈경험 비판으로서의 임상철학〉 참조). 나는 '무엇이든 좋지만...'이라고 서두에서 말하는 약 백 가지의 실례중에서 때마침 고른 실례를 '사례'라고는 인정 하지 않는다. 사례는 주체가 임의대로 뽑아낸(능동) 것이 아니라 오히려 사례가 나를 선택(나는 수동)한 것이라고 생각한다. 훨씬 신중한 표현을 사용한다면 나에게 특권적이라고 느끼는 방식으로 나는 사례와 만나 장 시간을 두고 그것을 '가지고' 그 다양한 의미의 결을 조금씩 깨달으면서 그것이 다름 아닌 나의 사례라는 것을 실증한다.

또 바르트의 도움을 빌리면 작가는 지금까지는 '절대적으로(=목적어 없이) 글을 쓰는 자가 되어 있다'고 그는 비판적으로 기술한다. 즉 쓰는 일은 '자동사적'으로 되어 있는데 이것은 언제부터의 일이냐고 묻는다. 이것은 철학에 대해서도 말할 수 있다. 언제부터 철학자는 임의의 '대 상'을 임의로 선택하여 대상의 대상성을 신경쓰지 않고 자유롭게 논리 를 찾는 자(절대적-자동사적으로 묻는 사람)가 되었는가? 이에 대해 자동 사적인 물음을 허락하지 않는 것이 임상철학의 임상성의 중요한 일부이 다. 그는 현장을 중립적인 기술의 대상이라 보지 않고 현장에 접목하면 서 현장의 수많은 이질성(마테리얼리티), 현장의 저항에 특히 몸을 맡길 것이다. 수많은 고뇌속에서 '쓰는' 노력을 그 스스로가 부여하는 것이다.

이 장의 서두에서는 〈첼로를 연주하는 고쥬〉의 장면과 등장인물을 빌 려 '주객반전'의 현상을 설명해 봤다. 미야자와 겐지의 단편소설을 좋아하는 사람은 많을 것이다. 나도 그 한사람인데 다시 읽어보고는 그들의 대부분이 진지하게 어려움을 극복하는 것에 놀랐다. 고쥬 자신뿐만이 아니다. 등장하는 동물들은 각각 유머러스한 그 언동의 그늘에서 부드럽지만 흔들림 없는 가치관이나 신념을 갖고 있다. 그렇기 때문에 고쥬에 충격을 주고 고쥬를 예상할 수 없는 방향으로 변용시킨다. 고쥬는 주인공이기도 하며 조연이기도 하다. 동물들은 조연이기도 하며 각각의 장면에서 주인공이기도 하다.

그 반전을 철저히 해명하기 위해서는 보통의 문법을 초월하지 않으면 안될 것이다. 누군가가 시작한 각각의 행동을 위해 그러한 결과가 되었다거나 별도로 누군가가 그러한 것처럼 변했다거나 우리들은 말한다. 한편으로 '자연히', '어느샌가', 그렇게 되었다고 하는 말투도 있다. 그래서 사람의 성장이라는 근본적인 문제, 특히 현대사회에서의 부등교를 포함한 교육 문제나 일자리 문제, 거기에서 사람의 복잡한 변용을 잡아낼 수 있을까?

행위의 벡토르(vector)는 가거나 오거나 복잡하게 방향을 바꿔 스파크를 일으키고 역류하면서 서로 죽인다. 혹은 과거를 기억하면서 행위에 위반된 의미가 부여되고 변질되며 현재로 돌아와 피를 뒤집어 쓰기도 한다. 그러한 '과정', 이른바 군무(群舞)안에서 우리들이라는 이야기의 주체가 행위하면서 자라간다는 것을 말하고 싶어서 '중동태'라는 들어보지 못한 문법용어를 가져왔다. 의도한 바대로 제대로 되었는지 잘 모르지만 능동과 수동만으로는 변용은 말할 수 없다, 그것은 확실하다.

자기변용의 철학에서 언어가 수행하는 역할은 지극히 크다. 다음 장의 '변용기호론'에서, 또 다른 각도에서 쫓아가 보자.

제5장

'언어' 없이 변용은 없다
-변용기호론

제2장에서 '다섯 가지의 관계성'에 대해 논했는데 그 다섯 가지는 결국 의미관계성으로 집약된다. 타인과의 관계이든지 사회와의 관계이든지 자연과의 관계이든지 자기 자신과의 관계이든지 우리들이 인간인 이상 그러한 것은 '의미'로서 받아들일 수 있으며 또 의미를 표현하는 언어를 매개하지 않으면 어떠한 변용도 일어나지 않는다. 적어도 변용이라고는 느끼지 못한다. 변용을 표현하는 언어, 보다 넓게 말하여 '기호'는 그 정도의 변용을 논할 때 중요한 위치를 차지한다. 이 장에서는 언어가 수행하는 역할의 비교적 커다란 경우를 다루어 보고자 한다. 이때까지 본 경우를 기호나 언어의 관점에서 재고하는 것도 있을지 모르겠다.

제1절 변용을 가시적으로 한다

사랑을 주머니에

나는 아주 상당한 인기를 끌고 있는 소설《해리포터》를 즐겁게 읽으면서 영어 공부에도 사용하고 있는데 그 마지막 권에 주인공 해리의 '적'이면서 해리의 엄마 리리를 생애에 걸쳐 사랑한 마법사 스네이프가

리리의 방에 몰래 잠입하는 장면이 있다. 스네이프는 리리가 다른 사람에게 보낸 편지의 마지막 부분에 '정말 사랑해요'라는 부분을 찢어 주머니에 넣는다. 그는 이렇게 하여 현실에서는 만족되지 못했던 바램(리리의 사랑을 손에 넣는 일)을 대체했다. 사랑이라는 감정 그것은 그것이 정형적으로 표현되는 편지의 맺음, 그리고 그 문구가 쓰인 편지조각(편지). 각각의 사이에 조금씩은 간격이 있다. '정말 사랑해요' 라고 열애하는 여성이 다른 사람에게 쓴 편지조각―그것은 단순한 '물건'이다―을 벗어난 소유하는 것으로 그녀의 '사랑'을 소유할 수 있다고는 누구도 생각하지 않는다. 스네이프 자신이라도 그러한 착각은 하지 않았을 것이다. 그래도 스네이프는 그녀의 사랑하는 어떤 '형체'를 원했다.

우리들은 죽은 사람의 '외형'을 단순한 '사물'이라고 생각하지 않는다. 때문에 악역 스네이프의 어리석음을 비웃기 보다는 그의 진지함에 강한 여운을 갖는다. 일본인은 선물을 '보잘 것 없는 마음입니다' 하고 표현하지 않는가? 우리들은 마음의 색을 언어로 표현하기만 하는 것이 아니라 가까운 '사물'에도 표현하며 또 '사물'은 마음을 정하거나 마음을 소동하게 하거나, 우리들의 삶의 리듬에 깊이 얽혀 있다. '사물'은 언어와 함께 표현매체로서 이 장의 테마인 '기호'의 관점에서 놓칠 수 없는 가치를 갖는다는 것을 분명하게 말해둔다. '사물'이 내가 말하는 '의미관계성'의 일환인 이상, 그것도 당연한 것이지만 말이다.

언어에 의한 매개

자기변용을 말하기 위해서는 '자기'의 존재나 신체, 심리 등을 그 차원에서 문제로 삼는 것만으로는 불충분하며 그 때마다 어떠한 언어, 기호, 표상, '사물' 등 (여기에서는 하나로 묶어 언어라는 것이 많다)이 매개되어 있는가를 탐구할 필요가 있다.

자기변용의 예로 제시하는 것은 너무 비근하여 신경이 쓰이지만 '정말 요즘 살이 쪄 버려서' 라는 말을 예로 들어 보자. 여기서 말하는 '정말'이란 어느 정도이며 '요즘'이란 어느 정도 이전부터인가 하는 문제는 차치하고 '살이 찌다'라는 신체적 변용을 왜 우리들은 신경 쓰게 되었는지가 여기에서의 문제이다. 우리 몸의 무수한 변화속에서 왜 비만에 눈을 돌리는 것인가? 옛날에는 풍채가 좋다거나 복스럽다고 하여 살찐 것은 오히려 존중받았다. 그것이 지금에 와서는 외견, 건강, 미용, 국가예산(의료비), 셀프컨트롤 등 어느 면에서 봐도 비만에는 감점기호가 붙는다. 일본에서는 대사 증후군(metabolic syndrome)에 관한 대책은 국가사업이기도 한데 한편으로 서양 사람은 '일본인은 아무리 살이쪄 뚱뚱해져도 어느 정도가 있는데' 라고 하여 이상하게 여긴다. 중요한 것은 '구별'짓는 방법의 문제로 거기에는 사회적, 문화적 요인이 얽혀 있는 경우가 많다.

다음의 예는 어떨지. 비를 '맞는다'고 하는 조금은 이상한 말투가 있다. 단순하게 비가 '내린다'는 것이 아니다. 내리는 비는 젖으면 곤란하다는 대표성을 갖고 문화적인 동물인 인간의 행동이나 기분에 영향을 미친다. 따라서 비를 '맞으면' 피해자 얼굴을 하고는 푸념을 한다(앞 장에서 기술한 수동 또는 중동). 동물이라면 애당초 비가 신경이 쓰여 하늘을 쳐다보거나 하지는 않으며 "봄비구나, 맞으면서 가자"고 멋을 부리지도 않는다. 내리는 비는 동물들에게 의미가 있는 변화(아마도)가 아니며 그것에 대해 동료와 커뮤니케이션할 필요를 인정하지 않는다. 따라서 비에 대한 표현 수단(시그널이나 심볼)을 발달시키는 일도 없다. 외적의 접근이나 먹이 주는 방식에 관하여 동물 나름대로의 고유하며 정교한 기호가 있다는 것과는 대조적이다.

사는 세계의 차이-구별하고 변용한다

'저 사람과는 사는 세계가 다르다'는 말투를 쓴다. 그렇다. 확실히 인간이 살고 있는 '세계'는 일률적인 것은 아닐 것이다. 기사에 대한 환상의 세계에 사는 돈키호테는 풍차를 향해 돌격하는 인물이다. 친구 산초 페는 상식적인 인물로 주인공의 행위에 기가 막혀서 쳐다본다. 커뮤니케이션을 지지하는 표상이나 '기호' 차원에서 서로 접점이 너무 없어서 대화는 기본적으로 엇갈린다. 그런데 달라도 너무 다른 이 콤비는 오랜 시간의 여정을 함께 하면서 일종의 유착을 일으켜버린다. 세계는 여전히 엇갈리지만 서로 '자기의 길을 가'면서 그 동안에 이해의 터널을 통과하고 다소 기복을 거치면서 상호 작용이 가능하게 된다. 서로 의지하면서 오랜 동안 함께 지내게 되면 이러한 종류의 다른 세계간의 유착은 일어나기 쉽다. 범죄자와 인질 사이의 스톡홀름증후군이나 리마증후군이 그러하며(제4장 참조), 오랜 시간 함께 했던 부부에도 같은 '서로 엇갈리면서 공존'하는 현상은 보이지 않던가? 정신과 의사 나카이 히사오가 말하는 것처럼 인간은 복수의 현실을 동시에 산다고 한다면 이러한 일은 조금도 이상하지 않다.

원래 변용을 말하는(구별하는) 기호는 인간의 관점에서의 '자의적'인 것은 아닌가 라고 한다면 변명의 여지가 없다. 인간에게 가장 근원적인 변용이며 기쁨과 슬픔의 원천이라 생각되는 죽음과 생 조차 《반야심경》은 단호하게 부정한다. '늙음과 죽음'은 없으며 '늙음과 죽음이 다하는 것'이라 말하는 것도 없다. 그러한 구별이나 구별에 대한 구별로 시끄럽게 하지 말자. 그러한 변용은 억지로 가시화하지 마라. 그러한 메시지가 들린다.

그러한 초월성의 메시지는 인류가 죽은 가족이나 친구를 매장하고 '저세상'을 표상하는 것을 기억한 시점부터 우리들의 문화에서 삶 그 자체는 확실히 본질적인 영향을 갖게 되었다. 종교적 변용의 언어는 일상적, 통속적인 변용의 언어를 상회하며 그것을 상대화하려고 한다. 그러나 종교적, 초월적 언어에 이르기까지 사람은 일상적인 일회일우, 혹은 깨달음의 일회일우를 경험한 끝에 그 입장에 서 있기 마련이다. 그 프로세스성을 중요하게 여기며, 가령 소박하지만 변용이 구별되는(즉 목격되고 체험되고 기술된다) 그 하나 하나의 시선에 경의를 표하며 때에 따라서는 대변하고 싶다. 그것이 임상철학에도 통하는 이 책의 자세이다.

변용 표현의 변용

이러한 이유로 전혀 '초월적'이지 않은 나의 인생경험으로 돌아가자. 나는 오랫동안 대학 교수를 하고 있어서 사람을 상대로 이야기하는 것은 힘들지 않다. 자기변용이라는 테마에 대해서도 점점 더 자신을 갖고 이야기하기도 하고 글을 쓰기도 한다. 그렇지만 이야기하는 것이 힘들다는 사람도 세상에는 많다. 대학의 교실에서도, 거리의 철학카페에서도 그러한 사람과 만난다. 용기를 내라, 기회를 자주 갖는다면 조금씩 조금씩 언어의 스킬은 좋아진다고 응원하고 싶어진다.

그러한 것은 '가능한' 인간이 갖는 여유라고 반발하는 두려움도 있지만 '할 수 없는' 사람의 기분을 알 수 있는 자신감이 나에게는 있다. 손을 사용하는 것도, 몸을 사용하는 것도 나는 온몸을 내던지고 싶어질 정도로 잘하지 못했으며 그 고통을 맛보면서 지내왔기 때문이다. 특히 나는 어린 시절부터 미술이 싫었는데 한 번 기적이 일어나 내 마음에 불이 켜진적이 있다. 중학교 1학년 당시 여름방학의 미술 숙제로 자연 체험학교에 가서 수영을 하던 호수를 그렸다. 호수의 푸른색도 녹색도 아닌 슬픈 색을 떠올리고는 그것을 재현하고 싶어서 나름대로 집요하게 수채색을 자꾸 칠했다. 그랬더니 바라던 색에 가까워진 것 같은 느낌이 났는데 오히려 탁하여 더러워져 버렸다. 또 다른 자신의 그림에 절망. 자기혐오. 그런데 여름방학이 끝나고 개학을 한 첫 수업에서 미술 선생님은 내가 칠한 호수의 색을 칭찬하셔서 놀랐다. 약간의 노력. 싫어하는 것에 지지 않으려고 끈기 있는 몰두. 어쩌다 그렇게 되었겠지만 거기에서 나온 성과.

이것과 비슷한 계기는 언어에 곤란을 느끼는 사람에게도 틀림없이 찾아오기 마련이다. 나는 그렇게 믿고 기대하는데 자신은 '말할 수 없다'고 생각하는 사람, 그 때문에 변용이라는 현상에 늦은 사람─왜냐하면 표현의 능력이나 정교함을 깨달아 그것의 질을 나눈다─에게는 오히려 사촌과도 같은 친근감을 느끼며 응원하고 싶어진다. 무엇보다도 젊은 시절과 비교하여 언어(기호)의 사용 기술은 부드러워졌다고는 해도 역시 자신의 실감과는 차이가 나며, 혹은 결과적으로 인간 관계를 손해보거나 했기 때문에 자신이 사용한 언어(기호)에 괴로운 생각이 드는 것은 지금도 있기 때문이다. 자기변용의 기호와의 대면은 아마 일생의 수행을 요구할 것이다.

자연의 변용을 이끌어 낸다

'객관적'으로 이미 일어난 변용을 후에 언어나 그림으로 형용하는 것은 아니다. 언어나 그림의 퍼포먼스가 변용을 일으키거나 이중의 감동을 주거나 한다. 약간은 벗어나는 이야기인데 건축가 프랑크 로이드 라이트(Frank Lloyd Wright, 1867~1959)는 "거기가 아름다운 땅이었다는 것은 그 집이 세워지기까지 누구도 알아차리지 못했다"고 술회했는데 자연의 '아름다움'은 인간의 구축성, 구축하는 의지에 도전당하여 밖으로 이끌어 낼 때만이 존재한다는 것을 가르쳐 준다. 건축도 하나의 기호이다.

라이트의 지적을 뒤집으면 그때까지 있었던 인간적 구축물이 철거되었을 때 자연스럽게 또 새로운 '미'의 바람이 생겨날 가능성이 있다.《만엽집》에 '우네메의 소매에 불어오는 아스카의 바람, 도성이 아닌 지금은 허무하게 불어오기만 하는구나'라는 시키노 미코(志貴皇子, 미상~716)의 노래가 있다. 아스카궁(明日香宮)에서 후지와라궁(藤原宮)으로 천도당한 후 이미 '수도'의 지위를 상실한 아스카궁을 사모한 노래. 궁정에서 쫓겨난 지금의 아스카에서는 바람도 허무하게 불어올 것이라고 말한다. 자연은 전혀 변한게 없는데 그러나 문화적, 사회적으로는 거기서 권력의 이동이 일어났다. 변용의 위상과 그러한 이중성 안에 아름다움을 인정하고 자연의 무정과 인간의 무상을 순간에 맛보는 감성─거기에는 '바람'을 노래하면서도 단순하게 비유나 의인화라는 개념으로 다하지 못하는 사람과 땅, 풍광과의 일본적 일체감이 있을 것이다.

그렇다고는 해도 '자연'이 인간의 표현의지에서 이탈하지 않는 것은 아니다. 한 마리의 고양이가 지면에 납작 엎드려 오줌을 누려하고 있다. 그곳은 '잔디 양생 중, 출입금지'라는 간판이 서 있는 구획이었다. 고양이는 '생리적'인 욕구를 만족시키려고 할 뿐이다.

인간의 표현능력의 특징과 한계에 대해 과학철학자 핸슨(norwood Russell Hanson, 1924~1967)은《과학적 발견의 패턴》에서 다음과 같이 말한다. "자연은 그 소재를 네트워크 형태로 묶는 것이지 쇠사슬처럼 묶지는 않는다. 인간이 여러 이야기를 한꺼번에 꺼내는 것이 불가능하기 때문에 쇠사슬 형태를 띠고 있을 뿐이다."라고. 자연은 네트워크(그물망)이며 인간은 쇠사슬형. 확실히 인간의 자기변용도 자신의 파악력에 맞추어 '쇠사슬형'으로 만든 기승전결이며 원래는 그물망 형태, 아니 그 이상은 '말로 형용할 수 없을' 정도로 현실은 복잡기괴하다.

제2절 의미의 저 끝으로

사랑은 의지이다.

어느 정도 '자연'스럽게 보이는 일이라도 추상 언어가 바탕에 있다. '사랑한다'는 것은 기분의 표현이기는 하지만 마음의 상태는 아닐 것이다(그래서 편지의 정형적인 맺음말도 된다). 만약 마음의 상태라고 한다면 하늘의 구름처럼 시시각각 변하기 마련인데 보통은 그러한 변화를 우리들의 문화는 '가치'에 넣지 않는다. '믿고 있다'는 것도 사랑에 가까운 이유가 있다.

인간에 의해 분류된 것이 인간적 현실, 사회적 현실로서 나타난다. 무엇인가가 변용하는 것은 반드시 '언어'에 의하며 기호론적인 문제를 포함한다. 추상 언어가 없으면 정의도 권리도 자존심도 없다. 성희롱이라는 언어가 없으면 보여주는 것도 만지는 것도 '왠지' 싫다는 막연한 감정에 사로잡힐지 모른다. 내 발언을 듣고 있는 누군가의 눈과 입 주위가 미세하게 떨릴 때 신경질이 나는 우리들, '그는 나를 조롱했다'고 받아들일 것이다.

언어는 간단하게 소화시키는 것이 아니다. 나는 '의미관계성'이라는 개념을 제안했는데 의미관계성은 그것이 바로 전술한 핸슨이 말하는 '네트워크'이다. 서로 얽히면서 퍼져가는 논리적, 실천적인 연상이나 궁리하는 가운데 나는 그 안으로 능숙하게 비집고 들어가서는 거기서 일정한 장을 차지하여 자기 나름대로의 그물망을 엮어가지 않으면 안된다. 머리로 아는 것만이 아니라 나의 신체가 따라와 주어야 한다. 네트워크와의 결합이 잘 이루어지지 않는다면 나의 욕구를 생각하고 나의 심신이나 행동이 세상의 상식이나 세상으로부터의 기대에서 떠나 기묘하게 부상해 버리게 된다.

경계에 잠시 서다—음식의 갈등

절반은 무의식적으로 하는 습성같은 행동이라도 생각해보면 결코 간단하지 않으며 원래는 혼자서 흘린 눈물의 달성물이다. 인간 문화에 자신의 신체가 체질화되었기 때문에 지금의 나의 순조로운 생활이 있다. 배설하는 것도 그렇다. 기억이 희미하다고는 해도 어렸을 때 변비로 관장을 하여 (아마) 대변을 본 일은 약간은 침침하고 축축한 변소(수세식 화장실이 아닌)의 광경과 함께 나 개인사의 비밀중의 비밀로 거기서 벗어나기 까지의 고통의 시간, 부끄러움을 극복한 경험은 지금의 나의 '인간다움'을 지탱해 준다. 배변에도 나만의 기술이 있다(나이 들어 가면서 얻어진 수많은 기술을 점차 잊으면서 나는 유년 시절로 돌아가는 것인지도 모른다).

먹는 일도 마찬가지이다. '본능'으로는 설명이 안된다. 가령 공복감을 느낀다 해도 어떤 것에 손을 내밀어 입에 넣을까? 몇 겹의 줄로 둘러 쳐진 '안전·안심'의 제도에 보호받고, 자신은 기껏해야 식재료의 선택이나 유통기한의 주의로 끝나는 현대 일본에서는 상상하기 어렵지만 유기체(인간도 그 하나)가 밖에서 이물질을 들여보내는 일은 자기방어를 대단히 위험하게 만든다. 원시 채집 수렵민들이 어떠한 초심으로 긴장과 외경, 발명의 마음을 가지고 자연과 대치했는지를 상상해보면 좋다(의식주라고 하는데 의나 주거 면에서도). 그 생생한 위험 감각은 구약성서 〈레위기〉의 이데올로기화된 음식물의 금기(제3장 참조)에서도 아직 사라지지 않았다. 신약성서에서 예수가 그러한 유대인의 가르침의 전통을 공격하여 "입으로 들어가는 것(음식물)은 사람을 더럽히지 않는다. 입에서 나오는 것(나쁜 말, 위증, 문란한 행위 등)은 마음에 유래하기 때문에 이것이 바로 사람을 더럽힌다"고 단호히 말하는 것은 내면성 중시의 상당히 모던한 도덕이다. 그렇지만 무엇을 먹을 수 있고 무엇은 먹으면 안되는지,

일일이 음미하며 시행착오를 겪으면서 '섭취하는' 문화에 숙달되어오는 프로세스는 어떤 의미에서 인간에게 보다 근원적이며 적어도 말 한마디로 끝내버리는 것은 아니다.

그런데 착한 아이일지는 모르겠지만 좋고 싫은 것 없이 먹는다, 정한 시간에 먹는다, 음식을 남기지 않는다는 것은 나를 양육해준 방식이고 나의 양육법이기도 해서 사람이 살아가는 기초로서도 건강(건전함)의 상징으로서도 이것을 간단하게 양보하고 싶은 생각은 없다. 어느 일종의 습관이라는 것은 '부정없이' 해버려야 하는 것으로 그것에 대해 논란을 일으키는 것 자체가 불건전하다. 이것을 나는 정책으로 삼고 있다. 그 반면 먹는 것에 대한 세상의 이치나 처치(폴리틱쿠스)가 인간에게 혐오를 발생시키는 것은 이해할 수 있다(문화적 측면). 그렇지 않다 해도 섭취하는 것을 통하여 우리들은 바깥 세계로 내몰리는 리스크를 상당히 많이 떠안고 있다(자연적 측면). 이 양면에 인간 관계의 뒤틀림 같은 것이 더하여져서 섭취 장애라 불리는 먹고 집어넣는 것에의 저항과 갈등이 생기며 심해지면 단식하여 인간의 '자연'성을 한 번에 뒤집어 버리려는 생각도 나온다.

한편 '자연'과 '문화'와의 경계선의 애매함, 기호사용의 복층성을 반대로 파악하여 다음과 같이 편하게 말할 수도 있다. '용서할 수 없는 냄새'라는 것이 있다. 어느 사람이 워시 타입 치즈의 냄새를 싫어한다고 하자. 그러나 네가 좋아하는 낫토도 상당히 냄새 나지. 그것과 같은 것 아닌가하고 하여 납득하여 생각을 바꾸는(치즈가 좋아진다) 일이 일어날 수 있을 것이다. 변용의 기호와 관련된 인간의 감성이란 그러한 '적당한' 것이기도 하다. 크리스테바가 말하는 주체의 '다중로그'도 이것과 관련될 것이다.

'규정'되는 것

인간은 언제부터 인간이었을까? 이것은 좀처럼 난제이다. 수정부터 착상을 거쳐 임신, 그리고 출산의 과정은 기본적으로 연속적이며 사람이 어느 단계에서부터 인간이 되는지(인간으로서의 권리와 존엄을 갖는) 선을 긋는 것에 대해서는 의견이 나뉜다. 인간이 언제부터 인간이 아니게 되는가? 심장사와 뇌사의 어느 쪽이 인간의 죽음인가, 식물상태의 환자는 아직 '사람'인가, 등에 대해서도 논쟁은 끝날 것 같지 않다. 이렇게 보면 인간이라는 언어(기호)의 사용법, 적용법은 자의적일 수 밖에 없을까?

생명의 시작과 끝의 문제를 떠나 인간의 본질에 대해서는 어떻게 생각하면 좋을까? 인간은 다른 동물과 어딘가에서 결정적으로 구별되는가? 인간은 다양한 특징을 갖고 있다. 두 개의 눈을 갖는다. 두 개의 다리로 걷는다. 이성을 갖는다. 그러나 두 개의 눈을 갖는 동물은 달리 셀 수 없으며 두 다리로 보행 가능한 동물이 없는 것도 아니다. 이에 반해 이성은 인간에만 고유한 능력이다. 이성이 인간의 본질이다. 이것이 서양의 전통적인 인간관이었다.

헤겔이라는 철학자에 대해서는 이 책에서도 몇 번 언급했다. 여기에서는 그의 '규정(Bestimmung)'와 '규정성(Bestimmtheit)'에 대한 사상이 아주 좋은 참고가 된다(《논리학》의 유한성 부분).

앞에서 인간의 특징에 대해 검토했다. 두 개의 눈과 두 개의 다리. 이성. 이러한 것들은 헤겔의 용어법에서는 전부 '규정성'에 속한다. 즉 다른 것과 구별되고 둘러싸이고 그 관계성 안에서 자신의 의미나 위치를 부여받고 있다. '두개'란 사물의 개수를 세는데 사용되는 자연수에 속하며 하나나 셋, 십 등 다른 자연수와 대립하여 거기에서 구별된다. 둘은 자연수의 체계안에서 규정된 '규정성'이다. 눈이나 다리 등 몸의 부분도 각각 다른 신체부분과 대립하고 그것과 구별되어 각각의 기능을 갖는 '규정성'이다.

그러면 이성은 어떠한가? 이성도 감각이나 감성 등 다른 능력과 구별되는 점에서는 당장은 인간이 갖는 규정성의 하나에 지나지 않는다. 하지만 거기서 머물지 않고 전술한 것처럼 인간만이 갖는 고유의 능력으로 인간의 '인간다움'을 형성하는 것이라 생각할 때 이성은 인간의 '규정'('사명'이라고도 번역함)이 된다고 헤겔은 말한다. 즉 인간 구별의 기호로서 이성은 다른 여러 능력과는 달리 특별한 위치를 차지한다. 다른 점(규정성)이 변하여, 예를 들어 눈이 하나, 다리가 하나밖에 없다고 해도 인간이 인간이라는 것에는 변함이 없지만 이성(인간고유의 규정)을 상실해서는 인간이 아니게 된다. 헤겔은 이렇게 생각했는데 그렇다면 태아나 식물상태에 있는 환자의 인간성을 부정하는가 라고 말한다면 그것은 아마 다른 차원의 문제가 될 것이다.

유한성에서 이탈-약함의 강함

헤겔의 생각을 될 수 있는 한 자세하게 분석하고자 했는데 요점은 이해했을거라 생각한다. '규정성'이란 다른 것에 둘러싸여 여러 가지 상황이나 조건에 '규정'되어 스스로의 여유가 없는 것이다. 이에 반해 '규정'은 주위의 것들과의 관계성을 발전시키면서도 자신의 땅을 견고하게 유지, 충실을 기한다.

대략 우리들이 이 세계에서 눈에 접하는 사물은 규정되어 있으며 다시 말하면 한정, 한계에 둘러싸여 있다. 우리들의 언어(기호)는 이 유한한 것의 유한성을 표현하는 것이다. 그렇다면 우리들은 유한성에 갇혀 있는 것인가? 아니 거기에 독특한 변증법이 작동하기 시작한다. 헤겔은 칸트의 "너는 할 수 있다. 해야 하기 때문이다"라는 말을 인용하여 한계는 극복해야 하며 거기에 있다고 말한다. '~해야 한다'라는 사념을 지시하는 언어(기호)는 거기서 표상, 표현된 사태를 이미 만들어 내고 수행하기 시작한다. 언어로 자신의 약함을 표현했던 사람은 그것만으로도 이미 강하게 존재할 수 있는 가능성을 증명하고 있는 것이다. 취지는 조금 다른데 파스칼의 '인간은 생각하는 갈대'라는 경구도 '약함의 강함'이라는 역설을 주장하는 것이기는 하다.

그렇기 때문에 아주 정체하고 있는 듯 보일 때 자기변용은 순간 일어날 수 있다. 이미 '한계'에 접해있기 때문에 한꺼번에 일어난다. 기호는 정반대의 것으로 대체된다.

살육을 일상화하며 보내던 무사가 약간의 계기로 돌연 세상의 무상을 깨닫고는 출가한다. 죽인 사람들의 영혼을 위로하기 위해서. 일상과 초월, 유한과 무한이라 해도 다른 차원의, 다른 종류의 '기호'가 있는 것이 아니라 일상적인 '구별'의 밑바닥이 나누어질 뿐이다. 선의 '평상저(平常底)[04]'란 그 주변을 가리키는 말인 것이 아닐까?

변용은 어떻게 말할 수 있는가? 하이데거는 《철학의 기여》에서 참된 존재(원유)의 진리는 통상의 언어로는 형용할 수 없다. 왜냐하면 모든 언어는 존재자—헤겔적으로 말하면 '규정'된 것—의 언어에 지나지 않기 때문이라고 말한다. 그렇다면 '말하는 것' 자체가 변용하지 않으면 안되게 된다. 그러면 도대체 어떻게 해서 초월적인 언어(기호)를 인간은 조작할 수 있는 것인가?

초월 기호의 실천

신이라는 무한한 존재를 형용하려 하여 '신은 전능하다'라는 명제를

---

04 니시다 기타로가 사용한 말로 견성(見性)의 경지에 보이듯이 가장 일상적인 것이 가장 근원적이라는 의미를 갖는다.

내세우려 한다. 크리스트교가 그렇다. 그렇지만 그렇게 하면 '전능'이라는 언어가 갖고 있는 규정성에 걸려 버린다. 전능이란 모든(전) 것을 할수 있는(능) 일인데 인간은 자신들이 '할 수 있는' 것 외에는 '할 수 있다'는 언어를 이미지 할 수 없다. 그리고 인간에게 할 수 있는 일은 반드시 규정되어 있다. 즉 유한한 수단으로 유한한 대상에 대해 유한한 상황으로 운동하게 하는 것을 의미한다. 따라서 '모든' 것이 '할 수 있다'고 기술하는 것 자체에 모순이 포함되어 있다. 따라서 신은 전능의 창조주라고 하는 크리스트교에 대해 예를 들어 '신은 자신이 들어올릴 수 없는 돌을 창조할 수 있는가?' 라는 소박하지만 벅찬 논리적인 딜레마가 제기되게 된다.

그러한 이유로 일상성을 초월해 가는 상상력, 유한한 것에 만족하지 않는 의욕은 믿을 만한데 이 세계의 규정성의 네트워크를 무시하고 한꺼번에 '저쪽'으로 날아 옮아가려 해도 미로에 빠질 뿐이다.

규정성의 함정을 피하기 위해 《반야심경》에서는 '늙음과 죽음'을 부정하지만 '늙음과 죽음이 다하는 것'도 부정한다. 크리스트교의 역사에서는 '부정신학'이라는 사상이 생겼다. 부정신학은 신은 절대적이기 때문에 인간이 생각하는 어떠한 개념도 따라서 술어도 적용되지 않는다고 생각한다. 여기에서 '신은 전능하지 않다', '신은 전지하지 않다'라고 부정사를 연결하는 것으로 초월자를 이른바 뒷면에서 드러내는 독특한 종교적 기호론을 전개한다.

그만큼 종교에 깊이 들어가지 않아도 사람이 조금 일상을 출입하는 (규정성을 이탈하는) 일본적 심정을 표현하는 언어로 당장 떠오르는 것은 코바야시 잇사[05](小林 一茶, 1763~1828)의 "이슬의 세상은 이슬의 세상이

---

05 전근대 에도시대(江戸時代)를 대표하는 하이쿠 시인. 코바야시는 50세 무렵에 28세의 키쿠라는 여인과 결혼을 하여 3남1녀를 두었는데 자녀들은 모두

면서 그렇지만" 이라는 구절이다. 코바야시는 어린 자녀들을 모두 잃었다. 이 세상이 '이슬'처럼 덧없다는 것은 잘 알겠는데, '그렇지만' 생명을 애석해하는 기분을 떨쳐 버릴 수 없다. 종교처럼 한 번에 이 세상을 초월하는 것은 코바야시의 방법은 아니다. '이슬의 세상'이라는 일본 전통의 무상관(종교적 기호성)을 기반으로 하여 그 실감을 우리 아이의 죽음으로 고통스러울 정도로 느끼면서 '이슬의 세상', '이슬의 세상'이라고 반복하는 가운데 '그렇지만' 이라는 반골성이 서서히 밀려온다. 이것도 서양과는 다른 복잡한 부정기호의 일종으로 그것도 일상과 비일상을 이중으로 부정하면서 그 경계에서 떠돈다. 아니 오히려 경계선을 비일상에서 일상으로 향하여 반대로 횡단하고 있다. 언어(기호)가 있어서 이 복층적인 변용도 가능하게 되며 또 그 변용을 반복하면서 언어(기호)의 네트워크도 더욱 풍부해졌을 것이다.

어려서 죽었으며 부인 역시 통풍으로 37세의 나이로 세상을 떠났다. 이후 코바야시는 62세에 재혼을 했으나 6개월 후 이혼, 64세에 다시 재혼했으며 이듬해 세상을 떠났다.

제6장
삶의 공부, 활용하는 기법
-변용원조론

변용은 좋은 것만 있는 것은 아니며 나쁜 방향도 취할 수 있다고 제1장의 〈변용가치론〉에서 인정했다. 그것을 재확인하면서도 변용을 원조의 방향에서 생각하는 이 장에서는 자신이 보다 좋게 살아가기 위한 공부, 타인이 보다 좋게 살아가기 위한 원조, 그러한 것의 자명성을 믿는 것에서 출발하고 싶다. 고대 그리스 이래의 〈잘 사는 일〉이란 무엇인가 하는 본질 탐구의 사색은 존중하지만 그 점을 먼저 해결하지 않으면 구체론, 실천론으로 나아가지 못한다고는 생각하지 않는다. 본서는 임상철학의 정신에 입각하면서 독자적인 우선 순위를 세웠다.

제1절 삶-복잡성의 축감

세계를 자기 몸에 맞춘다

심리요법 또는 정신요법이라 말하는 테라피중에 유희요법이라 불리는 타입이 있다. 그 중에 환자 등 클라이언트에게 '소영역'을 가상시키고 거기서 자기 표현시키는 타입이 있다. 예를 들어 적정요법(籍庭療法). 장방형의 상자에 모래를 넣고 동식물이나 건물 같은 장난감, 인형 등을 적당한 장소에 둔다. 클라이언트는 그러한 장난감이나 인형을 자유롭게 사용하여 놀면서 상자안 정원에서 자신의 내적 세계를 표현한다.

이러한 요법의 포인트는 현실 세계에서 행동, 상호 행위에 곤란을 안고 있는 클라이언트에게 현실세계보다도 작은 단순화된 세계(소영역=상자 정원)를 주고 거기서 현실세계의 압력으로부터 자유로운 형태로 놀이하는 것에 있다. 이 가상된 세계에서는 대상과 자기의 컨트롤이 보다 쉽다.

이 착상은 사회시스템론이나 사이버네틱크에서 '복잡성의 축감[01]'이라 불리는 개념과 통하는 면이 있다. 인간에게 자신이 직면하는 세계는 너무나 복잡하다. 세계에는 존재하는 모든 것, 상상하지도 못하는 일이 일어날 수 있는(우발성) 것에 비하면 인간이 우발성을 예상하여 대응하는 능력은 너무나 한정되어 있다. 따라서 '복잡성'을 '축감', 즉 줄여서 인간에게 대응 가능한 레벨로 떨어뜨리지 않으면 안된다. 어떻게 해서? 인간은 사회를 만들고 법률을 만들었는데 그 범위에서는 고작해야 질서와 규칙성이 지배하고 사건이 계산가능하게 되며 주민이 안심하고 살 수 있도록 설계하는 정도였다. 전면적으로 '설계'하는 것은(신이 아닌데) 무리라 해도 자연법칙 등을 알면서 예측과 대책으로 가능한 한 자연을 포위하고 길들여 부분적으로는 개조하려고 한다. 그러나 자연에는 인간이 제어할 수 없는 성가신 우발성(예를 들어 대지진)이 발발하여 인간의 설계와 포위망(복잡성의 축감)을 물거품으로 만들어 버리는 일이 발생한다. 인간은 그것을 완전하게는 막을 수 없다.

---

01   축감(縮減): 양이나 수요가 줄어듦

장악하고 장악을 장악한다.

사회나 자연을 그렇게 설계하거나 포위하거나 길들이거나 복잡성을 축감하고 환경에 순응하면서 자신을 지키는 기법을 한마디로 '장악'이라 부르기로 한다. 장악 안에는 보다 능동적인 것(설계 등)과 수동성의 요소가 뛰어난 것이 있다.

자연과의 수 싸움으로 말하면 빈번하게 발생하는 쓰나미의 피해 경험에서 10미터의 높은 방파제를 구축하는 것도 '장악'하기 위한 노력이라고 한다면 해변에서 피하여 높은 곳으로 옮기는 것도 '장악'이다. 전자는 강(剛), 후자는 유(柔)의 대응이라 할 수 있다. 왜 쓰나미의 위협에서 피하는 것이 장악이 되는가? 바다와 인간이 힘겨루기의 승부를 하고 있는 것이라면 피하는 것(물러남)은 단순한 패배일 것이다. 그러나 그렇지 않다. 인간은 바다와 함께 생활하며 바다를 활용하려고 한다. '함께'란 꼭 붙어서 떠나지 않는 상태를 말한다. 바다가 위해를 가하여 인간에게 피해가 발생했을 때 어쩌다 한 번 발생하는 피해는 운명이라고 보고 이전처럼 바다를 대할지, 아니면 피해를 중대하게 받아들여 바다와의 관계를 다시 생각할지는 당사자들이 살아가면서 내리는 종합적 판단의 문제이다. 지는 것이 이기는 것이라는 말도 있는 것처럼 현장과 함께 하면서 자신을 활용하는(장악하는) 가운데 뒤로 물러나는 것이 보다 뛰어난 수단이 된다는 것은 대단한 일도 아니다.

단순한 승부가 아니라는 것은 현장과 함께 하면서 종합적으로 평가하고 교류하고 있는 자신(들)을 모두 평가하는 메타 차원의 작업이 필요하게 되기 때문이다. 원전 사고로 지역이 방사능에 오염된 경우 인체의 영향만을 생각한다면 곧바로 피난하는(일차의 장악) 쪽이 좋다는 것은 당연하다. 그러나 공동체의 커뮤니티 활용까지 종합적으로 고려했을 때 장래의 어느 아이들은 안전한 땅으로 당연 이주시키지만 고령자는 오히려 지역에 남는다는 복합적인 선택지(이차의 장악)도 있을 것이다. 이처럼 장악이란 한 가지 방법만이 있는 것은 아니다. 인간의 생존이나 커뮤니티의 존속만을 생각한다면 제방을 쌓고 마을마다 이주하는 등 개별적인 대책이 있는데(일차의 장악) 그것이 사회나 전통 문화에 어떠한 영향을 주는지 혹은 애당초부터 생명이나, 커뮤니티의 본질, 가치가 무엇인지 등에 까지 생각이 미쳤을 때 대책을 재고하여 다른 종합적인 방침을 세우는(이차의 장악) 것도 가능하다. 리더의 관점에서는 관계자의 개개의 장악(일차)을 총정리하여 커뮤니티 전체로서의 행동 방침을 정하는 것이 이차의 장악에 해당한다.

물론 우리들은 이 장악은 일차다, 아니 이차다 라고 일일이 따지면서 생활하지는 않는다. 상황에 맞는 장악의 차원을 적용시키면서 행동할 것이다. 눈앞의 일만을 생각하여(일차의 장악) 대국적인 견지에 서는 것(이차의 장악)이 힘든 사람도 있다. 장악하는 방법이 습관화, 매너리즘에 빠졌다고 느꼈을 때 심사숙고 하거나 혹은 다른 사람과 상담하여 다른 장악의 패턴을 도입하는 것도 있을 것이다. 자신, 가족, 커뮤니티에 보다 좋은 자기변용을 가져다 주기 위해 그것은 현명한 일이다.

자립을 연기한다.

장악이 인간의 원점이라는 것을 나에게 가르쳐준 것은 정신분석의 역사에서 획기적인 프로이트의 〈쾌원리의 피안〉이라는 논문에서 말하는 '없다―있다' 놀이이다.[02]

프로이트는 자신의 한 살 반 된 손자가 노는 것을 관찰한다(나도 성장기의 아이를 책의 소재로 사용한 적이 있는데 프로이트도 만만치 않은 연구자

---

02 '없다―있다' 놀이는 '포르트-다 놀이'(fort-da)라고 하는데 포르트(fort)는 '없다'라는 의미이며, 다(da)는 '여기 있다' 라는 의미이다..

이다). 프로이트의 손자는 따르던 엄마가 몇 시간 자리를 비워도 결코 울지 않는다. '대단한' 아이였다. 이 온순한 아이는 자기 손에 알맞은 크기의 물건을 한쪽에서 방의 구석으로 던지고는 "포~"("없다!" 혹은 "가버렸다!"의 의미)라고 외치는데 전혀 지루하지도 않은 듯 반복하고 있었다. 이것을 '없다(가버렸다)' 놀이라 한다. 그러던 어느 날 끈이 감겨있는 실패를 자신의 침대에 던지고는 시야에서 사라지자 '포~'(없다!)라고 의미있는 듯한 말을 하고는 이번에는 끈의 끄트머리를 잡아당겨 실패가 나오자 기쁜듯이 '다~'(있다!)라고 말했다. 프로이트는 이러한 행위를 하는 아이의 놀이(독일어로는 연극과 같은 언어)의 전체적인 모습을 본 것이다. 이 놀이는 첫 번째의 행위인 '없다!'와 두 번째의 행위인 '있다!' 와의 두 방향에서 이루어지는데 보통은 '없다!'는 쪽 만이 독립하여 놀이로서 연기된다. 그러나 '있다!'는 쪽이 틀림없이 '보다 큰 쾌감'을 동반하고 있을 것이다. 왜!

이 아이가 내던진 장난감이나 실패는 실은 엄마 대신이었다. 프로이트는 그렇게 해석한다. 이 '대단한' 아이는 엄마에게 방치되는 것을 실은 고통으로 느끼고 있었는데 일상생활에서는 그것을 조금도 입 밖으로 드러내지 않는다(모친에게 밀착하고 싶은 행동을 포기했다). 이 놀이에서 그는 자신의 장난감을 임의로 안보이게 하고는 그리고 자신의 손에 다시 되돌리는(귀환시킨다) 것으로 엄마의 소실과 귀환을 대리 만족했다.

왜 자신의 고통이 되는 체험을 놀이로서 재현하는 것일까? 프로이트는 복수를 위한 행동 일지도 모른다고 생각한다. 장난감을 내던지는 것은 보통은 억압당하고 있는 모친에 대한 복수가 아닐까? "응, 가버려, 엄마는 필요 없어, 나는 내가 엄마를 내쫓는다"라는 기분의 표현은 아닐까?

나의 서투른 정리로 프로이트의 '없다-있다' 놀이에 대한 의도가 독자에게 제대로 전해졌는지 잘 모르겠다. 프로이트의 손자는 자신을 외롭게 만드는 엄마에 대한 복수를 놀이 연극으로 표현하면서 엄마로부터의 자립이라는 대사업의 결정적인 한발을 내딛는다. 한 살 반의 남자 아이에 의한 '장악'의 훌륭한 실례라고 말하는 이유이다.

치유를 부른다-탈장악

정신분석에서 알콜 의존증의 문제로 눈을 돌려보자. 알콜 의존증 환자를 돕는 그룹에 알코호릭 아노이모스(AA)[03]가 있는데 이 단체에서는 회복하기 위한 한 두 가지의 스텝을 들고 있다. 그 첫 번째 스텝은 "우리들은 알콜에 대해 무력하며 생각하는 대로 살 수 없게 되었다는 것을 인정한다"라는 것이다. 두 번째의 스텝은 "자신을 초월한 커다란 힘이 우리들을 건강한 마음으로 돌려줄 것이라 믿게 되었다"고 기술한다.

자신의 무력함의 승인. 자신을 '초월한' 힘에의 신뢰(아노이모스가 정한 스텝이 일본인에게는 약간 위화감 있는 번역조의 문장으로 표현되어 있지만 괜찮다.). 이러한 고백은 알콜 의존증 경험을 가진 사람이 아니라면 아마 깊은 곳까지는 이해, 공감할 수 없다. 그래도 한 두 스텝을 처음에 읽을 때 느낀 거리감이 지금은 없는 것은 어째서일까? 음주에 대해서는 반드시는 아니지만 자신의 심신 능력의 개선가능성에 대해 '진심으로 하면 어떻게든 된다' 거나 '그 동안에 좋게 된다' 거나 하는 습관적 낙관이 완전히 제거된 냉정한 순간이 나를 찾아왔기 때문이다. 아! 그랬었구나 하

---

03 AA(Alcoholics Anonymous)는 1935년 미국의 빌 윌슨과 밥 스미스가 모여 결성한 단체로 음주문제의 해결을 위해 서로 돕는 모임으로 약칭해서 AA라 부른다. 경험과 힘과 희망을 서로 나누며 공통된 문제를 해결하고 사람들의 알콜 중독에서 회복되도록 돕는다.

고 나는 생각한다. 현재 자신의(또 동년배의 친구들) 모습과 대면한다. 그것이 아마 자신의 무력함의 승인이 된다. 자신의 내부에 안식처가 없다면 의존증을 극복하는 '커다란' 힘은 자신의 밖에서 찾는 수 밖에는 없다. 그것이 AA의 스텝이 시사하는 '신'인지는 잘 모르겠지만.

아무튼 여기에 와서 '장악'의 노력, 즉 복잡성을 줄이고 환경과 제대로 대면하면서 능숙하게 자신을 컨트롤하는 노력, 그것에 의문이 생겼다. 나는 일차의 장악에서(보다 복합적, 종합적인) 이차의 장악으로 라고 앞에서 기술했는데 이차의 장악이라도 자기와 자연, 세계를 관리하려고 하는 자신 중심의 욕망에는 차이가 없다. AA의 스텝은 자기의 계획과 힘에 의존하는 그 변용에서 빠져나오도록 요청하고 있다. 나는 그것을 '탈장악'이라 부르고 싶다.

앞에서 본 AA의 처음 두 가지의 스텝에 대해 G 베이트슨(G. Bateson)[04]은 《정신의 생태학》에서 다음과 같이 말한다. 이 두 개의 조합에서 놀랄 정도로 그러나 올바른 생각이 나온다. 그것은 "환자는 패배의 경험에서 변화의 필요를 깨달으면서 동시에 패배하는 것 그 자체가 이미 변화의 첫 번째 스텝"이라는 것이다. 패배하는 것 자체가 이미 변화라고? 의표를 찌르는 이 지적은 정확하게 무엇을 말하려는 것일까?

패배하는 것은 의존증 환자가 또다시 술에 손을 대어버리는 것이다. 그것이 왜, 음주의 극복을 향한 첫걸음이 되는가? 이 역설은 논리적으로는 설명할 수 없다. 나도 말하기 어렵긴 하지만 작위하는 주체가 남아있어서는 변용은 참이 아닐 것이다. 패배라는 사태에는 논리 이상의 무엇이 있다. 헤겔식으로 말하면 한계는 이미 그 극복을 어딘가에서 함의하고 있다. 패배안에서 꿈틀거리며 움직이고 있는 새로운 사태가 있다. 그

---

04 그레고리 베이트슨(1904~1980)은 미국의 문화인류학자, 정신의학자.

무엇인가에 자기를 맡겨 변용의 프로세스를 더듬어가게 한다. 이렇게 말하면 주체의 수동성이 두드러지지만 그 무엇인가가 반드시 '밖'에 서지 않고 주체와 가깝다고 생각한다면 이것도 또한 중동태의 메카니즘이라고 납득할 수 있다.

제2절 활용하기 — 원조의 패러독스

케어와 원조

원조에 대해 생각할 때 나의 경험의 출발점이 된 것은 아이를 키운 것과 대학 교수로서 가르쳐왔다는 것 이 둘이다.

이렇게 쓰고나서 바로 생각을 고친 것은 어느 쪽도 보통의 의미에서는 원조라 부르지 않는다는 것이다. 아이 양육은 미숙한 사람이 인간 혹은 사회인으로서 변용(성장)해 가는 것을 돕는다. 왜 그것을 원조라 하는가? 부모가 아이를 키우는 것은 동물에게도 '자연스러운' 일이라서? 반대로 늙은 부모를 아이가 보살피는 것을 원조라 하지 않는다. 한편 교육도 보통은 원조에 들어가지 않는다. 생도나 학생의 지적, 도덕적인 성장을 교육의 전문가가 돕는 것은 사회를 맡은 차세대를 키우는 일반적인 일이라 간주된다. 이에 반해 아이나 학생이 곤란에 처했을 때 특히 금전면에서 손을 내미는 것을 '원조한다'고 말한다.

즉 원조란 곤란에 처한 사람이나 나라가 자력으로는 곤란을 해결할 능력을 갖지 못할 때 다른 사람이나 국가가 손을 내밀어 주는 것이다. 원조는 돕는 쪽과 도움을 받는 쪽이 명확하다. 그리고 천재의 피해자처럼 일시적, 우연적인 낙담이라면 다르지만 장기간에 걸쳐 많은 타자의 원조에 기대지 않으면 안되는 존재는 '불쌍한' 반면 약자로서 낙인이 찍

힐 것이다. 그러나 도대체 무엇을 원조하면 되는가? 그 사람에게 결여되어 있는 기능, '할 수 없는' 점, 그 사람에 필요한 것을 원조하는가? 기본적으로 그렇겠지만 상대가 인간이라는 것을 잊어서는 안된다. 병을 대하는 것이 아니라 '사람'으로서의 환자를 대하는 것이 전인적인 의료라 말하는 것처럼 원조도 상대를 종합적으로 파악하여 밸런스를 맞추어 해야 한다. 피원조자의 자존심을 배려하는 것도 중요하다(자리를 양보 받으면 감사한 반면 노인네 취급을 당한다는 저항을 느낀다). 약자로서 일방적인 눈길을 보내는 것이 아니라 인간으로서 승인하고 쌍방향의 교류를 하는 것이다.

여기에서는 원조라는 언어를 넓게 해석하여 케어라는 말과 적당하게 구분하자. 아무튼 타자의 삶, 그 자기변용을 돕고 그 활용을 생각하고자 하는 것이다.

상호성과 관리와 의존

원조 혹은 케어에 대해 주의해야할 점을 이어서 조금 더 들어두고자 한다.

첫째, 앞에서도 기술한 것처럼 케어를 일방적으로 은혜를 베풀고 있다고 생각해서는 케어는 좋든 싫든지 간에 변질될 것이다. 확실히 보충해야할 기능 면에서만 본다면 케어는 일방적일 수 밖에 없다. 전인적이고 시간적인 폭을 가진 교류를 생각한다면 케어받는 쪽에서 고생한 일에 대한 보람을 갖게 해주거나 마음을 써 주는 것은 결코 드물지 않다. 정은 타인을 위한 것이 아니다(자신에게 좋은 보답이 돌아온다는 의미). 케어는 충분히 상호적일 수 있다. 개인으로서 변용한다기 보다는 양자를 포함한 관계의 변용, 그리고 그 안에서의 양자의 변용이라는 것이 보다 정확할 지도 모른다.

둘째, 원조에도 롤랑 바르트가 소설에 대해 찬탄하고 있는 것과 비슷하게 '관리'가 붙는다. 원조가 필요한 곳에 조직적으로 일을 하려고 할 때 순수하게 원조 행위만으로는 이루어지기 어려운 면이 존재한다. 봉사자와 자금을 모으고 홍보, 행정을 움직이는 일, 또한 정치를 움직이는 일, 그러한 것이 원조의 안정적인 공급을 위해 필요해지는데 그것에 이끌려 원조가 변질되는 염려도 부정할 수 없다.

셋째, 원조 관계는 주의하지 않으면 '의존'관계에 빠진다. 원조란 상대가 될 수 있는 한 자립할 수 있도록 원조하는(셀프케어의 케어) 것이 본래의 목표이다. 그런데 피원조자가 원조자에 의존하는 경우가 있다. 그래서 그런지 원조하는 쪽이 반대로 피원조자에 의존해 버리는 '공의존(共依存)'이라 불리는 뒤틀린 관계구조도 지적되고 있다. 원조의 패러독스의 하나이다. 어째서 이러한 현상이 일어나는가, 다음에서 해명한다.

원조의 패러독스와 거기로부터의 탈출

패러독스란 역설이나 역리라 번역하여 상호 모순된 양면이 있는 것을 가리키는 말이다. 먼저 한편으로 원조란 일방적인 것이 아니라 피원조자의 자주성을 존중하여 '셀프케어'할 수 있도록 돕지 않으면 안된다. 반면에 그러나 피원조자는 자력으로 '곤란한' 상황을 타개할 수 없기 때문에 원조자를 부르는 것이다. 그 요청에 부응하려면 원조 계획에 따라 상황에의 '개입'이 불가피하게 된다. 경우에 따라서는 피원조자의 그 때 그 때 마다의 기대나 희망에 반하는 행위가 긴 시간속에서 지켜볼 때 오히려 참된 원조가 되는 경우도 있다.

이렇게 보면 모든 대인원조는 한편으로는 피원조자를 내세우면서 자신을 강제하는(개입을 단행하는 것) 자기 모순된 행위이다. 이치에 반하는 행위를 잘도 한다고 생각할 수 있다. 그런데 현실에서 이러한 패러독스는 실천에서 자연스럽게 해결되며 대인원조는 분명하게 성립된다. 도대체 왜 이러한 일이 가능한 것일까?

원래 패러독스의 근원은 기능적인 면에서 '나약한' 피원조자를 일정한 '강한 쪽'(자립)으로 도와주는 그 변용 원조의 정묘한 컨트롤이다. 여기서 세 가지의 포인트를 지적하고 싶다. 첫째, 원조자의 '강함'을 없애고 피원조자의 '약함'을 발동시키지 않는 노력의 여지가 있을 것. 둘째, 대인원조는 닫힌 양자 관계가 아닐 것. 셋째, 인간의 '자기'라는 것에 명확한 경계선은 없으며 누가 능동적이며 누가 수동적인지 확정하는 것은 적당하지 않을 것. 순서에 따라 설명해보자.

첫째 타인이 나를 엿보고 있으면 보통 사람이라도 기가 눌리는 면이 있다. 하물며 약한 존재인 피원조자(환자)는 더하지 않겠는가? 그렇게 생각한 어느 미국의 정신과 의사는 환자에게 필요없는 압력을 주지 않기 위해 진찰하는 동안에 거의 눈을 감고 있었다고 한다. 일본의 정신과 의사 나카이 히사오는 이에 한 발 더 나아가 이른바 자신의 존재를 없애고 무사(無私)가 되는 것으로 환자의 회복(프라스의 자기변용)을 도우려 했다. 예를 들어 마음을 닫은 환자의 옆에서 '그냥 조용히 앉는' 것이다. 치료에서 자신의 존재감을 자기 자신에게 조차 투명하게 할 수 있는 그 모습을 다음과 같이 표현하고 있다. "나는 제대로 잘 진행되고 있는 치료적 면접에서는 나 자신이 거의 있는지 없는지도 모르는 존재가 되는데 나 자신이 없다는 것에 이상하게도 불안함이 없다". 단지 이 능동의 없음은 동양적인 공(空)이나 무(無)보다도 오히려 "지각의 대단히 예민한 상태"인 듯한데 그것을 중시해야 한다. 나카이의 '무사' 상태에서는 '어떻게 해서 고치자'라는 의지조차 사라진다는 것이기 때문에 감탄이 절로 나온다.

자신을 소멸하여 촉매로 삼는다.

두 번째, 사람을 원조한다고 하면 일대일의 피원조자와 원조자가 서로 마주보고 있는 그림이 금방 이미지될 것이다. 그것이 원조의 원점이기도 하다. 그러나 실제의 원조의 장이나 과정을 보면 반드시 제3자(가족, 친구, 다른 원조자 등)가 개입하고 우연한 사건에도 열려 있다. 그것은 원조계획을 평탄하게 실행하는 관점에서는 마이너스일지는 몰라도 그렇기 때문에 원조의 패러독스가 자연히 해제되어 버리는 면이 있다. 근대 간호의 어머니 나이팅게일이 이 부분에 대해 단적으로 지적하고 있다. 그녀의《간호 노트》에는 병의 케어에서 간호사와 환자를 '자연'이 감싸고 있는데(따라서 두 사람 관계가 아니다) 자연이야말로 병에서 회복되는 주인공이라는 사상이 전개되어 있다. "모든 병은 회복 과정에 있다"라고도 그녀는 생각하는데 눈을 의심하게 만드는 이 말의 역설성은 앞에서 인용한 베이트슨의 "배패하는 것 그 자체가 이미 변화의 첫 번째 스텝이다"라는 주장과 훌륭하게 호응하고 있다.

나이팅게일이나 베이트슨과 같은 생각은 나카이 히사오에게도 있다. 그는 〈분열증을 둘러싸고〉라는 담화에서 통합실조증 환자의 병상태에 대한 올바른 이해문제에 이르자 환자에게는 "환청이나 망상이전에 훨씬 두려운 것이 있어서 그래서 환청이나 망상이 나오면 편안해지는 것 같아요"라고 말한다. 나이팅게일과 베이트슨의 역설을 이해하는데 도움이 될 것이다. 또 치료자로서의 정신과 의사는 '일종의 촉매에 지나지' 않는다고도 나카이는 생각한다. "촉매의 실제에서 국면의 전부를 알고자 한다면 반응 자체가 사라지는" 것이 되며 의사는 "보다 커다란 사태, 보다 커다란 문맥의 일부이다"라고도 기술하고 있다. 교묘하게 자신을 '중심'에서 이탈시키고 있다.

셋째, 인간의 '자기'는 타자로부터 분리되지 않고 '내부'에서도 다양성을 갖으며 또 변용해 간다. 그렇다면 우리들은 자신이 자신을 '정립' 할 수 있을까? 즉 자신이라는 것을 결정할 수 있을까? 불가능하다. 반드시 자신 이외의 어떤 것(사람? 사물?)인가의 힘이 작용하고 있다. 양자 관계도 당사자 만으로는 결정할 수 없다. 원조자의 내부에서 작용하는 힘, 피원조자의 내부에서 작용하는 힘, 그리고 제3자(제3의 사물)로부터 작용하는 힘이 복잡한 합력(合力)을 형성한다. 나카이 히사오는 "인간은 복수의 현실을 동시에 살아간다"고 하면서 "그러한 사람으로 병든다"고 기술하고 있다.

이 관점에서 의료에 있어서 "자기 결정"의 이념을 재고하고 싶다. 나의 생과 사에 관계되는 것을 정하는 것은 나 자신이며 다른 누군가도 아니다. 예를 들어 내가 말기를 맞이했을 때 연명 치료를 나에게 하고 싶은지, 혹은 거절할지 그것을 정하는 것은 의료자도 가족도 아닌 나 자신이다. 이 이념은 훌륭하여 기본적으로 지지할 수 있는데 자기의 유일성, 자기결정의 최종성을 대전제로 하고 있다는 점에서는 어떨지 하는 생각이 든다. 이미 이 책에서도 여러 번 언급한 적 있는데 나의 의지나 희망은 곧잘 바뀐다. 예를 들어 "말기를 맞아 호흡곤란한 상태가 되어도 인공호흡기를 장착하지 않는다"라는 결정을 미리 해 두었다고 하자. 그러나 그렇게 결정한 나는 실제로 말기에 임한 때의 나를 선명하게 상상할 수 있었을까? 호흡곤란이 어떠한 것인지, 알고 있었는가? 말기의 나는 일변하여 "역시 인공호흡기를 달아주세요"라고 바랄지도 모른다. 그러한 실화는 많다. 그렇다고 해서 자기결정이 무리라고도 쓸데없다고도 생각하지 않는다. 자신이란 그렇게 변하는 것이라 여기면서 될 수 있는 범위의 결정을 하면 좋은 것이다. 그리고 예측할 수 없는 자신과 만난다면 웃거나 화내거나 어이없어 하거나 포기하거나 하면 좋을 것이다. 그렇게 할 수 밖에 없다. 우리들은 그러한 아주 어려운 그렇지만 미워할 수 없는 동물을 자신의 내부에 기르고 있다.

'기다리기'와 '기다리지 않기'-자기변용의 적절한 원조

오사카대학에서 임상철학 전공을 창시한 와시다 키요카즈(鷲田清一)는 임상철학의 매니페스토라 할 수 있는《듣기의 힘》과 함께《기다리기라는 것》을 공간했다. '듣기'와 '기다리기'는 사람이나 사물에 대한 태도로서 같은 선상에 위치한다고 할 수 있다. 이 책의 주객반전론으로 말한다면 수동처럼 보이지만 실은 중동을 대표하는 자세가 아닌가하고 생각한다.

이에 대해 임상철학과의 대학원에서 배운 교육 카운셀러로 '부등교' 및 '히키고모리' 당사자 지원 전문가인 다나카 토시히데(田中俊英)는《기다리기를 멈출 때》라는 공저에 이어《히키고모리에서 가족을 생각한다-작용하는 것에 의미가 있다》라는 질문을 세상에 던졌다. 서명에서 엿볼 수 있는 것처럼 다나카는 '기다리기'에 대한 와시다와는 정반대의 태도를 주장한다. 다나카의 논의를 살펴보자.

먼저 다나카는 일반적으로 자주 말하는 '기다리기'의 의의를 기본적으로는 승인한다. "히키고모리 지원에서 부모의 태도는 기본적으로 기다리기이다. 순수 히키고모리에 자립을 윽박지르는 것은 매리트 없을 뿐"이다. 그렇지만 거기에서 오랫동안의 경험을 살려 '기다리는 것을 그만두기'론으로 전환했다. 핵심이 되는 호소인데 좀 길지만 인용한다.

히키고모리 생활이 길어지면 당사자 대부분은 자신이 일하는 것이 불가능해진다. 일하고 싶지만 일할 수 없다, 여기에도 히키고모리 당사자에 독특한 저 모순된 심리상태가 배경에 있다. 부모나 지원자가 자주 빠지는 것은 아이의 자기결정을 믿고 오로지 기다린다는 것이다. 그렇지만 아이는 행동하지 않으며 결정하는 것에도 익숙하지 않다는 것이 현실이다. 그러니까 사실은 순수 히키고모리이거나 히키고모리의 상태가 계속해서 지속되는 것이 된다. 아이가 자주적으로 행동하는 것은 현실적으로 불가능함에도 오직 기다린다는 것은 기다리기가 아니라 오히려 방치가 아닌가?

마지막의 시기를 놓쳐버리면서까지 기다려야 한다는 이른바 '기다리기'에의 고발은 일찍이 임상철학과에서 지도를 받은 와시다 교수에게 절반은 향해있다. 학생이 교수에게 이러한 본질적인 논점으로 강하게 압박하는 일은 임상철학 '운동'으로서의 좋은 삶을 보여주는 것 같아 나는 기뻤다.

스몰 스텝-기술로서의 사상

와시다의 주장은 기다리는 일의 복권이라 해도 좋을 것이다. 이전의 사회에서는 기회를 기다리고 마음을 졸이면서 애인을 기다렸는데 그러한 방식을 현대인은 잊고 있다. 와시다는 현상을 표면적으로 파악하여 '문제해결'을 성급하게 하는 실정주의에 반대하고 (임상철학이라는) '사상'을 제시하는 것이라 말할 수 있을 것이다.

이에 대해 실천가로서의 다나카는 이른바 사상이 아닌 사상을 제안한다. 아이가 부등교나 히키고모리가 되었을 때 대부분의 부모는 '왜 이렇게 된 것일까?'하고 원인을 찾아 무익한 후회에 빠진다. 많은 경우 어렸을 때의 엄마의 태도에서 잘못된 부분을 책망한다. 다나카는 그러한 배후에 있는 원인론을 버리고 먼저는 부모가 행동해 보이는 것, 그리고 아이의 상태를 조금씩 변화시키는 것을 권한다. '자기 나름대로의 지도를 작성'하여 '지속적으로 행동'해야 한다고 말한다.

그러면 어떻게 행동하면 좋을지, 이에 대해 다나카는 '지원의 스몰 스텝'을 제창한다. 무엇보다도 부모가 중심이 되어 접근한다. 단 부모는 지원자와 반드시 연결된다. 아이에 대해 '자립'을 언어화하지 않는다(화제로 삼지 않는다). 짧은 무난한 잡담을 소박하게 거듭해간다. 외출을 돕는다. 어두워진 후에 가까운 편의점에 가는 것에서부터 조금씩 넓혀 전철을 탈수 있도록 한다. 필요한 지원을 구별한다. 복수의 지원기관을 선택한다(다만 사령탑은 하나). 이러한 방식으로 하여 최종적으로는 히키고모리 당사자가 취업하는 것을 목표로 삼는다.

이것은 곤란에 직면한 문제앞에 너무나 곤란한 나머지 주저앉는 것이 아니라 문제를 조작 가능한 형태로 작게 나누어 하나 하나 멈춤없이 대응해가는 것을 의미할 것이다. 스몰스텝은 막다른 골목에 다다른 아이를 조금씩이라도 변용시켜 가족전체가 변용해가기 위한 기술일 것이다. 노하우는 아니다. 왜냐하면 이것을 단지 머리로 이해해서는 사태는 작동하지 않으니까. 자신들이 행동하는 것 밖에는 없다. 또한 '사상'도 아니다. '내용'은 아무것도 없고 단지 행동하게 촉진하는 것이 있을 뿐이기 때문에. 그렇지만 스몰스텝이 제대로 작동된다면 변용은 시작되며 지속할 것으로 기대될 것이다.

다나카는 '기다리기'라는 말로 다시 한 번 돌아온다. 부모가 정말로 '기다린다'는 것은 스몰스텝을 따라 멈추지 않고 행동해가면서 생생한 정보를 얻기 위해 외출하고 스텝에 따라 사령탑을 교체하여 부모의 대처 방식을 사령탑과 함께 재검토하며 옆에서 부모 자신도 여행이나 식사 등에서 자신의 케어에 투자하는 것. 그리고 무엇보다도 이러한 모든 것을 무리가 없는 속도로 계속하는 것. 역시 다나카가 말하는대로 기다린다는 것은 '의외로 바쁜 행위'이다.

제3절 약함의 구축

늙어가는 것의 준비−설계와 타인에게 맡기기

정년 퇴직? 자신의 몸에 생겨나는 것이 무엇인지 오랜 동안 잘 몰랐다. 그러나 그것은 이제 눈앞에 와 있다. 생활의 거의 전부가 변할 것이며 조금씩 각오가 서기 시작한다. 이때까지 자신이 갖고 있던 많은 것을 잃게 된다. 그것은 '죽음'과 얼마 만큼의 거리에 있는 것일까? 정년후의 인생설계를 해두라는 권유도 귀에 들어온다. 정말이지 해두지 않으면 하고 생각하여 조금씩 행동도 해본다. 다만 왠지 '설계'라는 발상에 좀처럼 친근감이 안든다.

나이가 들어서 라고 말하는 것도 분한데, 기억이나 판단력이 점점 불안해지면 이라는 것은 더더욱 분한데 돌봄이에게 맡기는 것은 어떨지 하고 제언을 한 적도 있다(졸고, 〈경험판단으로서의 임상철학〉). 전후의 상황이나 주위의 시선에서 판단해봐도 자신을 둘러싼 무언가가 이상하다. 자기 자신의 컨트롤에 문제가 생긴 것 같다. 그 계산이 서지 않는 일을 어떻게 해결할까? 미덥지 않은 부분이 자신에 있다고 해서 자신을 대신하는 '사령탑'을 어딘가에서 찾으면 좋은 것일까? 누구를, 무엇을, 어느 부분에서 의지하면 좋을까? 이것은 타자로부터의 수용과 자신의 자주성의 타협 방식의 문제이며 실로 제4장의 주객반전론(수동−능동−중동)의 문제이다.

그러한 상태가 되었을 때에 자신의 '어긋나' 있는 부분을 주위의 신뢰할 만한 사람들에게 맡기는 '돌봄이'가 있는 것도 좋다. 한사람의 온전한 사회인으로서 능동성을 인정해왔음에도 불구하고 수동의 지위에 떨어져서 라고 한탄할 일은 없다. 애당초 사회의 상호작용이란 단순한 능동, 단순 발신은 있을 수 없다. 수신하면 답을 하고 발신해서는 그것에의 응답을 받고 재응답하는 중동의 리듬이 바로 그 본질이다. 수동(받는 것) 은 그 중요한 일부이며 그냥 그 '수동'을 자신의 남는 자주성과 잘 접속하는 스킬(기법)이 필요하다.

늙어가는 입구에 서서 사람은 일찍이 들어 알고 있는 것, 자신이 실감하는 자신의 상태를 비춰본다. 나이를 먹었다? 아니 아직은 … 설마 … 아니겠지 … 이러한 '부정'을 말할 수 없는 시기가 온다. 자신에게 일어나고 있는 것을 '늙어가는' 것으로 여길 수 밖에 없는 그러할 때. 이것이 그것이었는가? 죽음도 틀림없이 그러할 것이다. 《이세모노가타리》의 주인공은 죽음을 맞이하여 "이제 가는 길이란 이전에 들었지만 어제 오늘이라고는 생각지 못했던 것을"이라고 노래한다. 당시 이미 구십세를 넘었던 나의 숙부도 그랬다. 심장병으로 죽음의 길을 걸어가는 상태에 있던 부인의 다리를 쓰다듬으면서 "이렇게 빠를 줄은(이런 것일 줄은) 몰랐다"고 혼잣말을 했다. 그것은 자신에게 납득시키는 말이며 자신이 걸어가고 있던 길을 맛보는 언어이기도 했다.

약함과 타협하기

살아 있는 것은 환경에 동화호흡 되거나 요소로 해체되거나 하는 것을 거부하여 자기 자신의 '형태'(아이덴티라 해도 좋다)를 지켜나가려 한다. 인간이라면 먹는 일이나 배설하는 것 등에 관한 사회의 약속을 지키는 것도 거기에 포함된다.

기억이 인간이라는 존재에 수미일관되는 것은 치매로 기억이 손상당한 사람을 보면 아는데 보다 극적으로는 뇌의 일부가 손상을 당하여 7초의 기억밖에는 갖지 못하게 된 경우에 더욱 선명해진다(졸고, 〈약함의 구축-생사의 임상철학으로〉 참조). 부인이나 아이의 이름을 잊어버린다. 어느 질문에 바르게 대답했어도 10초 후에 같은 질문을 하면 같은 대답을 해버린다. 그것이 '반복'이라는 것 조차 그에게는 알지 못한다. 기억을 유지하고 경험이나 개념을 반추하여 맛볼 수 있기 때문에 지적인 숙성(포지티브한 자기기억)도 가능하게 된다. 따라서 이 사람이 기억이 없는 것은 '죽은 것과 같다'고 탄식한다.

한편 신경계가 서서히 파괴되어 마비가 진행되고 곧 죽음에 이르는 그러한 난병에 내몰린 인류학자의 투병기도 '일종의 식물인간으로 변한' 다른 형태의 '약함'을 고통스럽게도 묘사하고 있다(로버트 마피,《보디사이렌트》). 그는 사지가 마비되어 버리고 도움도 없이 어딘가에 남겨질 가능성에 겁을 낸다. '몸을 덮는 수동성'이 결국에는 사고까지도 삼켜버리는 듯 느낀다. 그래서 그는 절망에 빠지지 않기 위해 '의식의 회로를 닫고' '자기마취'한다고 말한다. 생존을 위한 열정적인 공부. 보통이라면 우리들은 지나간 일을 떠올리고는 장래의 일을 생각하는데 그러한 시간적 통합으로서의 구조화를 머피는 의도적으로 닫지 않으면 안되었다. 호모사피엔스로서의 약함을 봉인하고 '그날을 사는' 것에 자신을 맡긴다. 이것은 치명적인 약함에 빠진 인간이 받아들인(그럴 수 밖에 없는) 구축의 수단이며 통상의 인간적, 사회적인 의미를 일단 단념(탈구조화)하는 것으로 마지막의 경계에 다다른 부분에서 자기 존재의 재구조화를 도모하고 있다고 말할 수 없을까? 인간이라는 것의 원점에 대해 많은 것을 생각하게 해준다.

'무사'하게 살아가기

사이토 타카시(齋藤 孝)의《가볍고 깊다, 이노우에 요스케의 언어》라는, 대중적인 제목의 책에서 다음과 같은 정말이지 '가볍고 깊다'라는 한 구절을 발견하고는 감명을 받았다.

어른의 성숙은 타자 수용에서 깊어져 간다. 타자를 수용하는 것은 자신을 고수해서는 안된다. 유연성이 없으면 안된다. 태도를 자유자재로 바꿀 수 있을 정도의 유연함, 가벼움을 갖지 않으면 안된다. 그것이 가능하게 되면 더욱 어른의 성숙도를 깊게할 수 있다. 복잡함에 대응가능한 허용성의 넓음이 인간의 깊음이기도 하다.

본장의 제1절에서는 자기의 '장악'을 위해 '복잡성의 축감'의 필요를 논했다. 이에 대해 사이토는 오히려 '복잡함에 대응'하여 자신의 '태도를 자유자재로 바꾸는' 것을 권장한다. 그런데 '타자를 수용'하는 유연함은 확실히 바람직하며 또 그 때문에 '자신을 고수해서는 안된다'는 것도 맞는 말인데 자신을 잃어버리면 전부 잃어버리는 것이다. 유연함이란 일단 획득된 자신의 통합성에 고집하지 않고 자신을 끊임없이 재통합할 수 있는 능력이다. 자신에게 참되고 깊은 자신감을 품고 있지 않으면 타인의 평가가 신경이 쓰여 루소가 말하는 '자존심'의 포로가 된다. 그렇게 되면 사토가 말하는 "기분안에서 자기의 비율"이 높아져 유연성을 갖지 못한다. 자신이 계속해서 성장하기 위해서도 주위나 사회와 양호한 관계를 갖기 위해서도 그것은 불행한 경향이다.

하지만 점점 늙어가면 실로 그 유연성을 잃어버리기 쉽기 때문이기에 자신을 잃지 않기 위해 어느 정도 지키기 위한 자세를 취하는 것은 어쩔 수 없다고 생각한다. 앞의 소제목 대로 늙어가는 경계에 들어가는 시기에서 삶의 지혜로서 '돌봄이'가 유효라고 나는 생각하고 싶은데, 치매가 심해지면 타인에게 맡기는 것은 있을 수 없다고 하여 낙관적인 생각을 나무라는 소리도 들린다. 난병과 같은 특히 곤란한 상태에 빠지면 자기의 매니지먼트를 다른 차원에서 생각하지 않으면 안되는 것도 그러하다. 인간으로의 삶에서 '의지'는 대단히 중요한데 '고집'이 되면 좋지 않다. 하지만 의지와 고집의 경계를 구별하기가 어렵고 늙으면 그 경계를 다시 생각하지 않으면 안된다는 것이기에 대응은 이중으로 어렵다.

어쨌든 '기분안에서 자기의 비율'이라는 것에서 떠오른 것인데 연구 지도자의 눈에서 보면 공부(연구)를 열심히 해도 그 대상에 대한 고찰이 좀처럼 깊어지지 않는 타입의 학생이 있다. 그것은 아마 자신을 잊지 않았기 때문일 것이다. 자신을 위해서만 그 대상을 공부하고 있기 때문이다. 물론 연구하는 데에는 관심이나 동기가 필요하며 그러한 점에서 '자신'이 들어가는 것은 나쁘지 않다. 그렇지 않고 생활에서 미묘한 버릇이나 어쩌면 어린 시절의 트라우마에 끌려 그것을 강박적으로 텍스트에 이입시키는 인상을 받는 경우가 있다. 그렇게 되면 텍스트의 소리가 들리지 않는다. 깊이 있는 고찰이 되지 않고 사고는 같은 지점을 빙빙돌게 되는 것이다.

에디트 피아프(Edith Piaf)의 샹송을 불러 유명해졌으나 그 후 사연이 있어 노래를 떠난 여자 배우가 피아프의 노래와 다시 만났을 때의 인상을 신문에서 다음과 같이 썼다. "그녀의 노래가 거리의 풍경이나 정경을 담담하게 그리고 있는 것을 새삼 깨닫습니다. 힘들 때야 말로 바로 거리를 둘러보며 세계안에서 자신이 살아 있다고 실감하세요. 그래서 처음으로 고독에서 구원받으니까요"라고. 자신이 살고 있는 환경을 세밀하게 파악하고는 거기에 마음을 붙이려고 노력한다. 그것은 자신을 살아가게 만드는 장이기도 하기 때문에 그 케어의 기분은 자신에게 돌아온다. 고통스럽기 때문이라고 하여 눈이 자신의 내면으로만 향해 있다면 오히려 고통과 고독의 자장에서 해방되지 않는다.

"고통스러운 때야말로..."라는 메시지를 누가 어느 타이밍에서 던져준다고 해서 그 사람은 "거리를 둘러" 볼 수 있을까? 아마 지금까지의 인생에서 보면 자신을 너무 내세워서는 실패하며 자신을 너무 억눌러서도 실패하며 라는 경험을 거듭하여 그 사람 나름대로 습득한 비결이 있을 것이다. 그것을 무시하고 '자기의 비율'을 낮추라는 조언은 유효하지 않

다. 하지만 피아프처럼 노래로가 아니라 언어와 미소로 전기를 토해낼
수 있는 인간이 지금부터라도 되고 싶을 뿐이다. 나 자신을 위해서도 그
러하다.

• 마치며

　제5장에서 썼는데 중1의 여름, 자연 체험 학교에서 호수 옆에서 텐트를 치고 지냈다. 미술 숙제로 그 호수를 그렸다. 수면의 미묘한 색을 그리려고 몇 번씩이나 거듭 칠했다. 그 이전에도 그 이후에도 그 정도로 그림에 집중한 일은 없다. 어떠한 힘이 나에게 그 물감을 계속해서 칠하게 만들었을까, 지금도 불가사의하게 생각한다.

　이 책에 '대해' 마지막에 설명한다 해도 이 책은 어쩌면 받아들일 곳이 없을 것이다. 각각의 페이지를 읽고 함께 '살아갈 수' 밖에 없다. 이 책의 재료나 메시지를 독자 나름대로 받아들이고 부풀려 각자의 자기변용의 철학을 쓴다면 더욱 기쁠 것이다. 색인이 하나의 방법으로 활용되기를 바라고 있다.

　자기변용의 철학은 그것을 쓰고 있는 나에게 삶 그것, 생각하는 것 그것, 쓰는 것 그것이다. 철학이 일상으로 날아 들어온다. 일상안에서 철학한다(임상철학).

　이전의 졸저《임상적 이성비판》을 총정리하면서 "이성은 이미 출범했고 갈등이든지 체념이든지 과시든지 휴식이든지 일어나는 일은 대해원 위에서 일어난다"라고 썼다. 그러한 생각은 지금도 변하지 않는다. 이 책은 '시련과 성숙'을 제명으로 했는데 시련은 젊은이들에게도 노인들에게도 파도처럼 찾아와 깊어갈 것이다. 성숙이 그것을 쫓아내기를 기대한다.

　이 책의 표지 그림은 고향에 사는 친구로 존경하는 에비스이 히로타카(蛭子井 博孝)씨가 만들어 주었다. 그의 수학, 도학연마의 깊이가 나의 자기변용론의 탐구와 그 지점에서 잘 맞는다는 것은 하나의 기적이라 생각한다.

마지막에 이 책을 세상에 내고는 또 서명까지도 시사해주신 것에 대해 오사카대학 출판회 오치아이 요시타카(落合祥堯)씨에게 깊은 감사를 드린다.

2012년 3월 나카오카 나리후미(中岡成文)

• 참고문헌

인용한 문헌에는 표기를 약간 수정한 것이 있다. 원전이 외국어인 경우 필자가 인용한 일본어역에서 인용한 경우도 있지만 독자의 편의를 위해 대표적인 일본어역을 사용했다고해도 필자의 책임으로 직접 원전에서 번역한 것도 있다. 번역의 적당한 것이 없는 경우 원전의 출판년도를 표기했다.

서론

ヘーゲル『精神の現象學』上下, 金子武藏譯, 岩波書店, 2002.

ルソー『人間不平等起原論』, 本田喜代治, 平岡昇譯, 岩波文庫, 1972.

『老子』小川環樹譯注, 中公文庫, 1968.

제1장

アリストテレス『形而上學』上, 出陸譯, 岩波書店, 1959.

アリストテレス『ニコマコス倫理學』上下, 高田三朗譯, 岩波書店, 1971, 1973.

デカルト『方法序說』, 谷川多佳子譯, 岩波書店, 1997.

カフカ『変身, 斷食芸人』, 出下肇, 山下萬里役, 岩波書店, 2004.

『新篇 啄木歌集』, 久保田正文編, 岩波書店, 1993.

J・デリダ『有限責任會社』, 高橋哲哉譯, 法政大學出版局, 2002.

ニユッサのグレゴリオス『雅歌講話』, 大森正樹他譯, 新世社, 1991.

제2장

P・ヴァレリー『海辺の墓地』, 原典, 1922.

リルケ『マルテの手記』, 大山定一譯, 新潮文庫, 1953.

井垣康弘『少年裁判官ノオト』, 日本評論社, 2006.

제3장

道浦母都子『無援の抒情』, 岩波現代文庫, 2000.

トーマスクーン『本質的緊張―科學における伝統と革新』1, 2, 安孫子誠也, 佐
　　　野正博譯, みすず書房, 1987, 1992.

ジュリアクリステヴァ『恐怖の權力―アブゼエクシオン試論』, 枝川昌男譯, 法
　　　政大學出版局, 1984.

ロランバルト 『小說の準備』(ロランバルト講義集成3), 石井洋二郎譯, 筑摩書房,
　　　2006.

제4장

宮澤賢治『セロ彈きのゴージュ』(新校宮本賢治全集第10卷), 筑摩書店, 1995.

H・マトゥラーナ/F・バレーラ『知惠の樹』, 管啓次郎譯, ちくま學芸文庫, 1997.

ハイデガー『存在と時間』(「世界の名著」74, 中高バックス), 原佑・渡邊二郎譯, 中央
　　　公論社, 1980.

ハイデッカー『哲學への寄与論稿―性起から(性起について)』, ハイデッカー全集
　　　第65卷, 大橋良介他譯, 創文社, 2005.

『中井久夫著作集 精神医學の経驗』第5卷, 『病者と社會』, 岩崎學術出版社,
　　　1991.

村上靖彦『自閉症の現象學』, 勁草書房, 2008.

カント『判斷力批判』上(『カント全集』第8卷), 牧野英二譯, 岩波書店, 1999.

E・バンヴェニスト『一般言語學の諸問題』, 岸本通夫監譯, みすず書房, 1983.

『臨床哲學のメチエ』Vol.1, 大阪大學大學院文學研究科臨床哲學研究室, 1998
　　　(http://www.let.osaka-u.ac.jpよりダウンロード可能).

『臨床哲學』, 大阪大學大學院文學研究科臨床哲學研究室, 2001(http://www.
　　　let.osaka-u.ac.jpよりダウンロード可能).

鷲田淸一 監修, 本間直樹・中岡成文編 『ドキュメント臨床哲學』, 大阪大學

出版會, 2010.

はいデッカー『カントと形而上學の問題(ハイデッカー─全集第3巻), 門脇卓爾譯, 創
　　　文社, 2003.

貝原益軒『養生訓, 和俗童子訓』(石川謙校訂), 岩波書店, 1961.

清水哲郎『医療現場に臨む哲學』Ⅰ・Ⅱ, 勁草書房, 1997, 2000.

中岡成文『経験批判としての臨床哲學』(岩波講座哲學第一巻所收), 岩波書店, 2008.

제5장

N・Rハンソン　『科學的發見のパターン』,　村上陽一郎譯, 講談社學術文庫,
　　　1986.

J・Kローリンク　『ハリ−ポッターと死の秘宝』上下,　松岡佑子譯,　静山社,
　　　2008.

ヘーゲル『倫理學』, 原典, 1812, 1816.

제6장

フロイト『快原理の彼岸』(フロイト全集第17巻所收), 須藤訓任譯, 岩波書店, 2006.

G・ベイトソン『精神の生態學』改訂第二版, 佐藤良明譯, 新思索社, 2000.

『中井久夫著作集　精神医學の経験』第5巻, 「精神医學の経驗」第5巻, 『病者
　　　と社會』, 岩崎學術出版社, 1991.

『中井久夫著作集　精神医學の経驗』第6巻, 「個人とその家族」, 岩崎學術出
　　　版社, 1991.

フロレンス・ナイチンゲール『看護覺書─看護であること看護でないこと』(改
　　　譯第7版), 湯槇ます他譯, 現代社, 2011.

田中俊英『ひきこもりから家族を考える─動き出すことに意味がある』, 岩波
　　　ブックレット, 2008.

齊藤孝『輕くて深い 井上陽水の言葉』, 角川學芸出版, 2010.

中岡成文「弱さの構築─死生の臨床哲學へ」『死生學研究』特集号「東アジ
　　　アの死生學へ」所收), 東京大學大學院社會研究科, 2009.

ロバート・マーフィー『ボディ・サイレント』, 辻信一譯, 平凡社, 2006.

• 찾아보기

지은이 **나카오카 나리후미**(中岡成文)

오사카대학 대학원 문학연구과 교수 및 동대학원 의학연구과 겸임교수 역임.
오사카대학 커뮤니케이션디자인센터 센터장 역임.
전공은 임상철학 및 윤리학. 헤겔철학에서 출발하여 서양 근현대 철학 및 일본근대철학을
연구하고 있다.
2014년 4월 오사카대학을 퇴직하고 시민들과 함께 오사카에서 철학주쿠(哲学塾)를 열어
사람들 속에 뿌리내리고 있는 사상을 찾아내어 표면화하는 일들을 하고 있다.
주저로는『임상적이성비판』(이와나미서점),『패러독스의 출입문』(이와나미서점), 공저로
는『다큐멘트임상철학』(오사카대학출판부) 등이 있다.

옮긴이 **이기원**

강원대학교 철학과 및 석사과정 수료(석사), 교토대학 교육학 연구과 석사 및 박사과정 수
료, 박사. 동양철학 및 일본사상사를 전공했으며 강원대에 출강하고 있다.
저서로는『徂来学と朝鮮儒学ー春台から丁若鏞まで』(일본, ペリカン社),『지의 형성과 변
용의 사상사』(경인문화사), 공저로는『마음:철학으로 치료한다』(지와사랑) 등이 있으며
논저로는「공자와 논어를 통해 보는 철학상담」(2015) 등이 있다.

시련과 성숙-자기변용의 철학

초판 1쇄 인쇄 2015년 5월 7일
초판 1쇄 발행 2015년 5월 15일

지은이 나카오카 나리후미(中岡成文)
옮긴이 이기원
펴낸이 한정희
펴낸곳 경인문화사

주 소 서울시 마포구 마포동 324-3
전 화 02-718-4831
팩 스 02-703-9711
등 록 제10-18호(1973년 11월 8일)
홈페이지 http://kyungin.mkstudy.com
이메일 kyunginp@chol.com

ISBN 978-89-499-1077-2 93150
값 17,000원